DIREITO DAS MULHERES E DA IGUALDADE SOCIAL
A CONSTRUÇÃO JURÍDICA DAS RELAÇÕES DE GÉNERO

TERESA PIZARRO BELEZA

DIREITO DAS MULHERES E DA IGUALDADE SOCIAL
A CONSTRUÇÃO JURÍDICA DAS RELAÇÕES DE GÉNERO

Uma Proposta de Estudo e de Ensino

DIREITO DAS MULHERES E DA IGUALDADE SOCIAL
A CONSTRUÇÃO JURÍDICA DAS RELAÇÕES DE GÉNERO

AUTORA
TERESA PIZARRO BELEZA

EDITOR
EDIÇÕES ALMEDINA. SA
Av. Fernão Magalhães, n.º 584, 5.º Andar
3000-174 Coimbra
Tel.: 239 851 904
Fax: 239 851 901
www.almedina.net
editora@almedina.net

PRÉ-IMPRESSÃO | IMPRESSÃO | ACABAMENTO
G.C. GRÁFICA DE COIMBRA, LDA.
Palheira – Assafarge
3001-453 Coimbra
producao@graficadecoimbra.pt

CAPA: Criada pela autora em Wordle (www.wordle.net)

Julho, 2010

DEPÓSITO LEGAL
312348/10

Os dados e as opiniões inseridos na presente publicação
são da exclusiva responsabilidade do(s) seu(s) autor(es).

Toda a reprodução desta obra, por fotocópia ou outro qualquer
processo, sem prévia autorização escrita do Editor, é ilícita
e passível de procedimento judicial contra o infractor.

Biblioteca Nacional de Portugal – Catalogação na Publicação

BELEZA, Teresa, 1951-

Direito das mulheres e da igualdade social : a
construção jurídica das relações de género.
ISBN 978-972-40-4237-4

CDU 342
    316

*À memória de Tove Stang Dahl e de
Isabel Maria de Magalhães Collaço*

"The construction of a woman:
a woman is not made of flesh
of bone and sinew
belly and breasts, elbows and liver and toe.
She is manufactured like a sports sedan.
She is retooled, refitted and redesigned
every decade. (...)

Look at pictures in French fashion
magazines of the 18th century:
century of the ultimate lady
fantasy wrought of silk and corseting.
Paniers bring her hips out three feet
each way, while the waist is pinched
and the belly flattened under wood.
The breasts are stuffed up and out
offered like apples in a bowl.
The tiny foot is encased in a slipper
never meant for walking.
On top is a grandiose headache:
hair like a museum piece, daily
ornamented with ribbons, vases,
grottoes, mountains, frigates in full
sail, balloons, baboons, the fancy
of a hairdresser turned loose.
The hats were rococo wedding cakes
that would dim the Las Vegas strip.
Here is a woman forced into shape
rigid exoskeleton torturing flesh:
a woman made of pain. (...)

How superior we are now: see the modern woman
thin as a blade of scissors.
She runs on a treadmill every morning,
fits herself into machines of weights
and pulleys to heave and grunt,
an image in her mind she can never
approximate, a body of rosy
glass that never wrinkles,
never grows, never fades. She
sits at the table closing her eyes to food
hungry, always hungry:
a woman made of pain. (...)"

MARGE PIERCY (n. EUA, 1936), *What Are Big Girls Made Of?*

(http://www.americanpoems.com/poets/Marge-Piercy/17198 consultado em 12 de Outubro de 2007)

PRINCIPAIS ABREVIATURAS UTILIZADAS

– al.	alínea
– ACIDI	Alto Comissariado para a Integração e Diálogo Intercultural
– ACIME	Alto Comissariado para a Imigração e Minorias Étnicas
– APMJ	Associação Portuguesa de Mulheres Juristas
– APEM	Associação Portuguesa de Estudos sobre as Mulheres
– art.	artigo
– BMJ	Boletim do Ministério da Justiça
– CCF	Comissão da Condição Feminina
– CE	Conselho da Europa
– CEDAW	Convenção para a Eliminação de Todas as Formas de Discriminação Contra as Mulheres
– CEDH	Convenção Europeia de Direitos Humanos e Liberdades Fundamentais
– cf.	compare, confronte
– CIDM	Comissão para a Igualdade e para os Direitos das Mulheres
– ECRI	European Commission against Racism and Intolerance
– CIG	Comissão para a Cidadania e Igualdade de Género
– coord.	coordenação
– CRP	Constituição da República Portuguesa
– DMIS	Direito das Mulheres e da igualdade social

– ed.	Edição
– *et al.*	e outros
– FCT	Fundação para a Ciência e Tecnologia
– FDUNL	Faculdade de Direito da Universidade Nova de Lisboa
– FRA	Fundamental Rights Agency
– I&D	Investigação e Desenvolvimento
– IF	Intervenção Feminina
– MDM	Movimento Democrático de Mulheres
– n.	nascimento
– n.º	número
– ONG'S	Organizações não governamentais
– OIT	Organização Internacional do Trabalho
– p.	página
– pp.	páginas
– reimp.	reimpressão
– rev.	revista
– *s.d.*	sem data
– ss.	seguintes
– TEDH	Tribunal Europeu dos Direitos Humanos
– UMAR	União de Mulheres Alternativa e Resposta
– vol.	Volume

MODO DE CITAR

Na primeira citação de cada obra indica-se o nome do autor/
/a, o título e a data e local da edição. Nas citações seguintes refere-se apenas o nome do autor e a data da edição.

Na Bibliografia final do Relatório, no que respeita a obras colectivas, apenas se indica o nome do/a coordenador/a da edição.

MUITO OBRIGADA ...

Ao Professor Diogo Freitas do Amaral devo, entre outras coisas, a oportunidade de vir para a Faculdade Nova ensinar Direito das Mulheres. O apoio e a solidariedade com que sempre me distinguiu são motivo do meu infinito reconhecimento.

Ao Professor António Manuel Hespanha agradeço as sugestões e comentários sobre uma versão embrionária do texto; mas agradeço sobretudo o incentivo e ânimo com que, numa fase difícil da minha vida, me "empurrou" para a conclusão deste trabalho.

À Professora Helena Pereira de Melo, a quem tive o grato encargo de orientar como doutoranda, exprimo agora a minha gratidão pelo auxílio que me prestou na revisão final do texto. A seriedade, a exigência e o rigor que põe em tudo o que faz foram para mim a mais preciosa das ajudas.

Bem hajam pelo privilégio da Amizade com que me honraram.

ÍNDICE

PREFÁCIO – Substantivo feminino Singular 17

PRÓLOGO 21

I. FUNDAMENTAÇÃO 23

   1. Direito das Mulheres e da Igualdade Social – O Direito das Mulheres na FDUNL 23
   2. O Direito das Mulheres como disciplina jurídica...... 26
   3. Objectivo e razão de ser da disciplina 32
      3.1. Um caso da vida contemporânea 42
      3.2. Genealogias e desenvolvimentos – Os Estudos sobre as Mulheres 48
      3.3. Os Estudos sobre as Mulheres em Portugal 51
      3.4. A acção política institucional – Organismos e Planos governamentais 53
      3.5. O Direito das Mulheres e o ensino académico do Direito 56
   4. Alguns conceitos e algumas questões: "sexo" e "género" 63
   5. Biologia e fenomenologia 66
   6. O carácter problemático do conceito "mulher(es)" ... 72
   7. Essências e hierarquias 73
   8. A invenção da feminilidade 75
   9. A disciplina "Direito das Mulheres: o seu papel estruturante do conhecimento sobre a condição (jurídica) feminina 82

10. Crítica do paradigma igualitário 86
11. Discriminação 96
12. Ambivalências. Legitimidade 99
13. As categorias discriminatórias. Direito e castas 101
14. A diferenciação hierarquizada promovida pelo Direito como objecto de estudo 105
15. Uma proposta de modelos de sistemas jurídicos em matéria de relações de género 116
16. Algumas linhas de força do que estudaremos 121

II. PROGRAMA 123

III. BIBLIOGRAFIA 135

IV. ENSINO 139

    1. A disciplina na organização do curso 139
    2. O uso da jurisprudência e de outros textos de decisões ou recomendações de organismos não jurisdicionais 142
    3. Avaliação 148
    4. Sobre o trabalho de investigação. Algumas questões metodológicas 148

EPÍLOGO 153

V. BIBLIOGRAFIA CITADA NO RELATÓRIO 159

PREFÁCIO

SUBSTANTIVO FEMININO SINGULAR

O texto que se segue reproduz, no seu essencial, o texto apresentado por Teresa Pizarro Beleza para as suas provas de agregação numa nova Faculdade de Direito, que se propôs ensinar um novo Direito de uma forma nova.

Como sempre acontece, depois nem tudo se passou exactamente como se previu. Mas a intenção primeira foi essa e essa foi a razão decisiva para muitos de nós para aqui termos vindo. Teresa Pizarro Beleza veio connosco, como para lá tinha entrado connosco, por concurso público, em 1978. Tinha uma carreira e uma obra pouco afeitas a compromissos; e seguiu aqui esse mesmo percurso de crítica do Direito que já a fizera passar por – para além de alguma picardia – lugares de onde a vida mira o Direito, na particular maneira que este tem de mirar a vida: a criminologia, a prática penitenciária, o estatuto penal, a sexualidade, finalmente, o género e, neste âmbito, o olhar das mulheres sobre o Direito que as olha (ou que as fez tais, como diria a Autora).

Na sua dissertação de doutoramento – tal como no subtítulo deste livro – estava já o radical ponto do discurso, a pergunta essencial: existem mulheres, tal como hoje são descritas e prescritas, antes da tradição jurídica ocidental? Parece que Deus já se tinha defrontado com a questão e a resolvera como esta sua Criatura. Numa das duas versões bíblicas da criação do género humano – justamente aquela que hoje se procura esquecer, mas cujas marcas dominam a tradição jurídica do Ocidente – Deus esbarra com a determinação jurídica de criar a mulher e de a criar com um estatuto diminuído. Lá por Ele, ter-se-ia disposto a descansar logo após ter criado o homem. Mas eis que a lei – que parece ter presidido à Criação, e à qual Deus recorria ao fim de cada dia, para conferir o trabalho feito ("E Deus achou que aquilo eram coisas boas", como se repete, no Génesis, no fim de cada passo da empresa) – lhe perturba o antecipado ócio; essa lei imanente a Si mesmo recordou-o: "Não é bom que o homem fique sozinho. Vou-lhe arranjar uma companhia apropriada"; sur-preendentemente, Deus parecia não saber muito bem o que seria isto de "companhia apropriada", encetando um processo de *learning from error*: "E o Senhor Deus modelou também de terra muitas espécies de animais selvagens e de aves e apresentou-os ao homem, para ver que nome lhes dava [...] O homem deu nome a todos os animais domésticos, às aves e aos animais selvagens, mas nenhum era a companhia apropriada para ele". Foi então que Deus, perante sucessivos fenómenos de rejeição (que incluiu até o "melhor amigo do homem"), resolveu fazer a mulher, de uma costela tirada ao varão. Aí, sim, quando se encontraram a Ordem que impunha que Deus desse uma companhia ao homem com a Ordem que dirige a natureza do homem, Deus e o homem reconheceram a mulher, na sua qualidade de *companhia adequada* para o homem e aceite por este como tal (*Génesis*, 2,6-2,24). Este enigma da revisitação bíblica do tema da criação da mulher diverte--me a mim tanto quanto deve embaraçar os criacionistas. Mas, no contexto das relações entre Lei e Género, é uma pedra fundadora do milenar edifício que amarra mulheres e homens a funções, daí a deveres e direitos, recíprocos e *erga omnes*, e funda a também milenar construção jurídica do género.

Nem se diga que a substância dos dois é a mesma ("carne de uma só carne"), pois é bem conhecido que, na clássica distinção entre *materia* (ou substância) e *forma*, esta última constitui o elemento decisivo e diferenciador. Na discussão, a que eruditamente Teresa Pizarro Beleza alude, entre realistas e nominalistas, bem se pode dizer que a mulher ficou com a pior parte de ambos os lados. Sendo da mesma *substância* que o homem, tendo com ele a mesma identidade, sendo afinal a mesma coisa que ele, não pôde fugir à relação necessária que os dois mantêm. Porém, sendo diferente na *forma* (no nome), está amarrada a uma geometria particular desta específica diferença na sua relação com o homem, como companheira, final e felizmente eleita de entre as bestas, mas a que o homem dá um nome (*virago*) que perpetuará a sua dependência em relação originária a ele ("Vai chamar-se mulher / Porque foi formada do homem"). Isto virá a afectar todo o estatuto da mulher, desde o mais íntimo (*uno cum una, recto loco, recta positio, recto vaso*) ao mais público (*nequeant foeminae ducere civitatem*).

Cria-se, assim, uma cadeia interminável de ditos e brocardos, explorados por teólogos, filósofos e juristas. A mulher é um substantivo feminino – uma substância comum ao homem, mas na forma feminina. Uma forma *singular*, que a impede de competir com o carácter *geral* do masculino, tanto na maior parte das línguas indo-europeias, como na construção do cânone da vida.

Neste livro se lerá como esta singularidade é continuamente densificada pelo Direito, num sistema de contínua *poiesis* doutrinal que, se fornece a espinha dorsal da imagem jurídica do género, não raro contradiz algumas práticas quotidianas *locais* ou submergidas. Aparte o desconforto prático que estes temas geram em muita gente – pelo carácter, não apenas transversal, mas mesmo doméstico e quase existencial do espaço marcado pela linha divisória entre os sexos –, os textos de Teresa Pizarro Beleza criam também desconfortos teóricos. O maior dos quais é a assunção de um construtivismo em que uma alegada natureza é tratada como cultura; desreificada; tornada produto de representações e de práticas sociais com tempos e lugares específicos. Porque, por um lado, isto contradiz a ficção essencialista que glorifica muitas das nossas categorias, taxinomias e hierarquizações; por outro lado, porque esta desreificação prenuncia lutas, confrontos, reformas ou revoluções que o apelo terrorista à natureza (do género, do casamento, da raça, da sexualidade, da razão) parecia poder evitar. Por isso, textos destes são a ponta de lança da ousadia, do desconstrutivismo, da subversão. Mas é também por isso mesmo que eles melhor respondem à ânsia agonística pela Justiça, essa ânsia que bibliotecas de dogmática jurídica não podem apaziguar.

Nós, os que cremos que o Direito deve continuamente fazer e refazer a sociedade, sob o impulso das tensões e lutas que nela se travam, revemo-nos neste trabalho, como parte e esteio de uma sabedoria nova acerca de como, com o Direito, se pode fazer aquilo que cremos deve ser feito ... ou seja, justamente o contrário do que se usa fazer.

Chamusca, Fevereiro de 2010

António Manuel Hespanha

PRÓLOGO

Saio de casa de manhã por uns minutos, para descansar, antes de retomar o trabalho frente ao computador. Está calor e o vento não consegue contrariar o efeito do céu aberto, sem nuvens.

Encontro uma mulher parada, com dois sacos de compras pousados no chão, cansada e arquejante. Ainda tem um terceiro volume, que mal contem um escorredor de louça, feito de plástico, com uma forma muito pouco prática para transportar debaixo do braço. Pergunto se precisa de ajuda. Que não, está só a descansar um pouco, antes de seguir caminho até casa, que é perto. Tantos pesos que carregou quando era mais nova, conta ela. Comida para os animais, baldes de água, um em cada braço ("Não tínhamos água"). Agora já custa mais. Diz qualquer coisa sobre os filhos, que imagino já crescidos.

Olho-a com atenção. Parece mais velha do que eu, mas pode ser apenas o efeito de uma vida certamente bem mais difícil do que a minha.

O que tenho de comum com ela que nos arrume na mesma espécie? Ou no mesmo "género"? Quando a vi, a minha representação mental foi: mulher, já de alguma idade, cansada, vem das compras, está aflita com o calor, terá problemas cardíacos, tem as pernas inchadas e com varizes... dona de casa, mãe de família, está a cumprir a sua tarefa diária e eterna de prover ao sustento e amparo dos seus, *seremos da mesma espécie?*

Antes de sair, estivera a consultar a página electrónica da União Europeia sobre *Gender Equality*. Fui lá ter, desta vez, através de um *link* da página "*Stop Discrimination*". Estivera pensando na escolha da Europa quanto a factores de discriminação privilegiados na sua legislação: raça, idade, religião, deficiência, orientação sexual e, o mais antigo de todos na política e na legislação europeias, sexo, agora muitas vezes tratado (ou, pelo menos, dito) como "género".

E eis que volto, ainda e outra vez, à *insolúvel* questão: as pessoas são homens e são mulheres? Ou são pessoas, por acaso e por autoridades várias divididas em diversas categorias, consoante o contexto, a perspectiva, o objectivo, o interesse ou a necessidade do(s) autor(es) do discurso? Deverei pensar em termos *nominalistas* ou *realistas*? Será verdade, como se afirmava na página da Comissão para a Igualdade e Direitos das Mulheres (CIDM) (agora "Comissão para a Cidadania e Igualdade de Género"[1]) que:

> *"As pessoas não são neutras. São homens e são mulheres. E foi isso que o direito, em Portugal e na União Europeia, passou a reconhecer. (...)"*

Ou o Direito participou nessa divisão, que agora se lhe pede que reconheça? E para a vida, a felicidade desta pessoa, desta mulher com quem me cruzo, para o reconhecimento da sua dignidade, isso terá alguma importância? O Direito considerou-a pouco menos que uma não-pessoa, em tempos. Agora di-la pessoa, cidadã, *igual* aos homens.

Será que a vida dela mudou por isso?

Teresa Pizarro Beleza
Almoinha, Fevereiro de 2008
Lanzarote, Abril de 2010

---

[1] Cf. o Decreto-Lei n.º 164/2007, de 3 de Maio.

I. FUNDAMENTAÇÃO

1. Direito das Mulheres e da Igualdade Social
O Direito das Mulheres na FDUNL

A expressão "Direito das Mulheres" indica, antes do mais, um ponto de vista e uma intenção: fazer uma investigação do mundo jurídico que tome as mulheres como centro de atenção de quem investiga e olhar o Direito de forma interrogativa e crítica, a partir da verificação prévia de que as mulheres são social e juridicamente desfavorecidas.

É uma investigação que implica transgressões metodológicas e a quebra de barreiras disciplinares. Analisar o estatuto jurídico das mulheres implica atravessar diversos campos do Direito (Constitucional, Civil, Administrativo, Penal, Trabalho…); o confinamento do estudo às divisões tradicionais entre os vários ramos do Direito oculta, em grande medida, a própria tomada de consciência da totalidade desse estatuto.

As formas como as mulheres são diferenciadas e *construídas* no mundo jurídico implica ainda o conhecimento de processos que são normalmente ignorados no estudo das fontes formais de Direito e na análise dogmática dos conceitos e técnicas jurídicas. As *práticas jurídicas* são essenciais para se avaliar a situação real das mulheres. Isto significa uma necessidade de atenção a trabalhos empíricos pouco habitual nos estudos jurídicos (por exemplo, para saber que frequência e intensidade tem o assédio sexual no trabalho; ou a forma como são apoiadas ou violentadas as vítimas de crimes sexuais que apresentam queixa à polícia; ou de que maneira o crédito bancário é mais dificil de ser obtido por uma empresária, a quem os Bancos "aconselham" a apresentar-se com o marido; ou se as repartições de Finanças continuam a recusar receber declarações do Imposto sobre o Rendimento das Pessoas Singulares do casal em que a mulher aparece como "primeiro contribuinte").

Por outro lado, é também importante reunir aspectos da vida social – os hábitos sociais dominantes – aos textos legislativos para se perceber a situação real das mulheres. Só sabendo que os contratos de arrendamento são em geral celebrados em nome do homem se entende a dificuldade adicional da situação da mulher em caso de separação de um "casal de facto" no regime anterior à entrada em vigor da actual lei (2001)[2]. Ou paralelo problema em caso de compra de uma casa, em que a companheira põe dinheiro, mas a casa é registada apenas em nome do homem. Também por isso, o lugar *natural* do nascimento académico desta disciplina haveria de ser a Faculdade de Direito da Universidade Nova (FDUNL). A abertura de espírito à inovação e à complementaridade de perspectivas não estritamente jurídicas com o estudo do Direito – ou a sua essencialidade mesmo para a compreensão deste – que marcaram a fundação da FDUNL criaram as condições ideais à introdução de matérias ou disciplinas que, também através dessas abertura e complementaridade, pretendem ser inovadoras[3]. A disciplina "Direito das Mulheres e da Igualdade Social" foi uma delas.

Denominada assim mesmo na sua origem[4], foi também ensinada sob o nome "Direito da Igualdade Social" ou "Direito da Igualdade

---

[2] A Lei n.º 7/2001, de 11 de Maio, que regula as uniões de facto, atribui protecção aos cônjuges de facto separados ou sobrevivos em relação a, entre outros aspectos, a casa de morada de família.

[3] Nos "Princípios Orientadores" aprovados pela Comissão Instaladora da Faculdade de Direito da Universidade Nova de Lisboa (FDUNL) em 30 de Junho de 1997, insiste-se na abertura da Nova Faculdade à criação de disciplinas novas, de ramos emergentes do Direito e à perspectiva dos estudos críticos do Direito. Pode ver-se o texto em www.fd.unl.pt.

[4] Despacho n.º 3705-97 do Vice-Reitor Esteves Pereira, publicado *in* Diário da República II série, n.º 157, de 10.7.1997, que contem o Plano de Estudos da

Social (Direito das Mulheres)", tendo ainda sido leccionada a matéria dita "Direito da Igualdade Social (Direito dos Estrangeiros)", correspondendo esta variação terminológica, em parte, às variações do seu programa e conteúdo.

Na FDUNL houve duas leccionações sobre outros factores de discriminação social, sob o título genérico de "Direito da Igualdade Social"[5]. Uma do Professor JORGE BACELAR GOUVEIA, em 1999/2000 e 2000/2001 (sobre discriminação e igualdade em geral e escolhendo

---

licenciatura em Direito a conferir pela Universidade Nova de Lisboa, através da Faculdade de Direito, na sequência da decisão do Senado, sob proposta da Comissão Instaladora da nova Faculdade.

[5] *Actas da Comissão Instaladora*
– *Acta n.º 88*, de 31 de Maio de 1999:
"A CI discutiu amplamente a questão das novas disciplinas e da substituição de outras que vinham sendo leccionadas, tendo elaborado a deliberação, que se anexa e faz parte integrante desta acta, sobre este assunto (...).
Anexo
1. As disciplinas de (...) Direito da Igualdade Social, embora tenham conteúdos distintos, substituem para efeitos curriculares individuais, respectivamente as disciplinas de (...) Direito das Mulheres e da Igualdade Social.
Em consequência, o mesmo estudante pode fazer *exame de recurso* ou *de melhoria de nota* das disciplinas indicadas em segundo lugar, submetendo-se às provas nas disciplinas correspondentes que lhes sucederam.
Para nenhum efeito curricular, as novas disciplinas são consideradas como diferentes das disciplinas anteriormente leccionadas..."
– *Acta n.º 89*, de 21 de Junho de 1999:
"A CI analisou e aprovou o plano de estudos para 1999-2000, bem como a distribuição de regências das novas disciplinas (documento anexo à presente acta).
Ano Lectivo 1999/2000
Plano de estudos da Licenciatura em Direito
(...)
II – *Disciplinas Optativas*
1º Semestre
(...)
287 Direito da Igualdade Social   A designar..."
Agradeço à Dr.ª TERESA MARGARIDA PIRES a ajuda prestada na localização das Actas.

depois alguns factores específicos: raça, religião, sexo, deficiência, imigração, situação económica) outra pela Professora CONSTANÇA URBANO DE SOUSA, entre 2003 e 2006 (incidindo esta sobre Direito dos Estrangeiros). A concepção de cada programa pode ser vista no seu conteúdo essencial nas sucessivas edições do *Guia da Faculdade*.

Em qualquer destas versões, o Direito da Igualdade Social manteve-se como disciplina de opção na área *social*.

Aquilo de que aqui trato é de *Direito das Mulheres e da Igualdade Social*, embora use amiúde a expressão abreviada *Direito das Mulheres*. Na lista das disciplinas no quadro da reforma dita de Bolonha, a disciplina aparece como "Direito da Igualdade Social", embora com frequência se explicite que é ensinada – como neste ano lectivo, 2007/2008, o primeiro a funcionar dentro do referido quadro – como dizendo respeito ao Direito das Mulheres.

2. O Direito das Mulheres como disciplina jurídica

O chamado *Direito das Mulheres* há-de iniciar-se pela delimitação do seu objecto, ainda que este se vá reconstruindo à medida que avançam as investigações, como é próprio e desejável num campo de estudo novo e aberto. Descrever e entender a situação jurídica das mulheres com vista à procura de soluções para a sua melhoria é a sua vocação essencial. Compreender a forma como o Direito contribui para a construção, reforço ou desconstrução de relações sociais de género baseadas no domínio desigual ou, em fases mais avançadas, na ideia de paridade ou de equilíbrio é, em meu entender, um dos caminhos essenciais da sua maneira de proceder académica. Para desempenhar tal missão, ele tem de se constituir em transgressor metodológico, porque desde logo há-de contestar as delimitações tradicionais entre os campos do jurídico (quer nas disciplinas académicas quer nos Códigos) entre o jurídico e o não jurídico (os espaços privados real ou supostamente vazios de juridicidade) e entre o legislado e o vivido. Daí em parte a dificuldade em "arrumar" este campo de estudo nas perspectivas tradicionais.

Quando eu propus à Fundação Gulbenkian, pela primeira vez, a edição do livro *Women's Law – An Introduction to Feminist Jurisprudence*, da Professora norueguesa Tove STANG DAHL[6], a resposta foi negativa, porque o parecer de um professor de Direito tinha sido (eu acrescentaria: naturalmente) que o livro se não enquadrava em nenhuma das disciplinas dos *curricula* das Faculdades de Direito. Claro que não. É por isso mesmo que ele é cheio de potencialidades de descoberta, porque põe em evidência relações e explicações que de outra forma não são visíveis.

Em 1993, o livro foi finalmente publicado em português, tornando-se no primeiro (e até agora único) manual de Direito das Mulheres a ser editado no nosso país. Espero conseguir em breve publicar o segundo. Este mesmo texto que agora dou à estampa é também um primeiro ensaio desse empreendimento.

Só uma perspectiva trans-disciplinar permite unificar questões aparentemente tão díspares como as relações familiares "normais" e os maus tratos conjugais (formalmente arrumados no Direito da Família e no Direito Penal, respectivamente[7]) ou construir um

---

[6] DAHL, Tove Stang (1993), *O Direito das Mulheres. Uma Introdução à Teoria do Direito Feminista* (traduzido do original inglês de 1987 por Teresa Beleza *et al*), Lisboa: Fundação Calouste Gulbenkian.

[7] Ainda que os maus-tratos possam relevar em sede de Direito da Família, como é evidente, por exemplo, num processo de separação ou divórcio. Mas a *violência doméstica* – expressão com que o legislador penal epigrafou o art. 152.º do Código Penal aprovado pelo Decreto-Lei n.º 400/82, de 3 de Setembro, na revisão resultante da Lei n.º 59/2007, de 4 de Setembro – não é tema habitual de estudo na disciplina de Direito da Família. Tende a ser tratada como tema de Direito Penal, por causa da incriminação autónoma (em relação às ofensas corporais), surgida pela primeira vez no Direito português em 1982. A tradição legal portuguesa era o reconhecimento ao marido de um poder de *moderada correcção doméstica*. Vide HESPANHA, António M. (1993), "Carne de Uma Só Carne: para uma Compreensão dos Fundamentos Histórico-antropológicos da Família na Época Moderna", *Análise Social*, n.os 123/124. Disponível *in* www.hespanha.net. Consultada em 22 de Janeiro de 2008.

esquema de análise teórica do sustento tripartido das mulheres (como faz STANG DAHL), invisível na divisão entre questões estudadas em separado no Direito da Família, no Direito da Segurança Social (aliás quase ignorado até muito recentemente nas Faculdades de Direito e tão importante para as mulheres; também aqui a FDUNL abriu caminhos) e no Direito do Trabalho. Só um corte transversal em todo o tecido do jurídico – ou até do juridificável – nos permitirá discutir em profundidade e em todas as suas implicações questões tão complicadas e polémicas como a dos salários das donas de casa, ou a consideração da gravidez e educação de crianças como algo de equiparável ao serviço nacional obrigatório (militar ou civil) para efeitos de remuneração, regresso ao mercado de trabalho, ou eventuais subsídios de desemprego. Ou, até, mostrar que relações existem entre a regulação jurídica do aborto e o tratamento oficial de agressões de violação ou assédio. Ou as determinações legais sobre educação sexual e serviços de saúde de planeamento familiar[8]. Todas estas questões são importantes para o entendimento do estatuto jurídico das mulheres. E, pode desde já acrescentar-se que também, por reflexo, dos homens, isto é, em última análise, das *relações sociais de género*.

Olhar e pensar o estatuto jurídico das mulheres, reflectir sobre a sua condição jurídico-social, implica compreender a sua construção relacional, por contraposição à dos homens, que assim também se auto-definem numa contraposição hierarquizada. O Direito em muito contribuiu historicamente para a construção dessa divisão bipolar *desigual, assimétrica*. Isto é, há uma importante dimensão jurídica da construção das relações sociais de género[9].

---

[8] Como por exemplo a questão do acesso de menores a consultas de planeamento familiar sem autorização parental.

[9] O Direito Português insere-se na tradição de recepção do Direito Comum também nestas matérias, como nota e explica ANTONIO MANUEL HESPANHA. Cf. HESPANHA, António Manuel (2001), "El Estatuto Jurídico de la Mujer en el Derecho Común Clásico", *Revista Jurídica. Universidad Autónoma de* Madrid, n.º 4. Disponível *in* www.hespanha.net. Consultado em 22 de Janeiro de 2008.

Não existe, em meu entender, incompatibilidade entre pensar o estudo do Direito das Mulheres enquanto investigação e descrição da situação jurídica das mulheres (é essencialmente a maneira de ver de STANG DAHL) e o entendimento do estudo dessa mesma disciplina enquanto investigação e descrição da construção jurídica das *relações sociais de género*. Trata-se de compreender que também no plano jurídico o sistemático desfavor dos seres humanos descritos como mulheres é fundamentalmente levado a cabo através da criação, reforço e reprodução de um sistema social que, entre outras formas de diferenciação e desigualdade, se baseia na incessante reconstrução das relações de género, isto é, do relacionamento entre as pessoas ligado à diferença sexual e suas implicações sociais. Ou, para usar a sugestiva expressão de um constitucionalista americano, CASS SUNSTEIN, na edificação também jurídica de um sistema de *castas* em função de, entre outras variáveis, o género[10].

Como esse relacionamento não é simétrico, mas antes desequilibrado, *desigual* – as mulheres são sistematicamente desfavorecidas – a referência e fixação nas mulheres, *e não no género* tem esta justificação "evidente". Não se trata de observar as relações de género como empreendimento neutro e distanciado, mas de o fazer com a consciência prévia do desfavorecimento de um dos lados, de um dos grupos, por acaso o maioritário em termos populacionais. Há aqui uma analogia com o "Direito dos Estrangeiros", que numa concepção mais neutra poderia ser designado, por exemplo, como "Direito da Nacionalidade".

Por isso me parece preferível manter o nome "Direito das Mulheres" (em vez de um hipotético "Direito das Relações de Género"), acrescentado ou não da expressão "Igualdade Social". De igual modo considero legítimo o subtítulo que utilizei no início "A construção jurídica das relações de género". Mas em vários contextos

---

[10] SUNSTEIN, Cass (1995), "Gender, Caste and Law" *in* NUSSBAUM, Martha C., e GLOVER, Jonathan (1995) (coord.), *Women, Culture, and Development: a Study of Human Capabilities* Oxford: Clarendon Press.

académicos a palavra *mulheres* tendeu a ser substituída, e às vezes usada em sinonímia, com *género*. O estender do olhar sociológico e antropológico sobre a construção das *masculinidades*[11], também elas a partir de certa altura declinadas no plural, é uma razão evidente. Mas a sugestão de simetria e neutralidade é, do meu ponto de vista, problemática. É certo que são características amáveis ao Direito. Mas uma das primeiras tarefas de um pensamento crítico nesta área será, justamente, interrogar essa aparência de sinalagma que parece marcar de forma persistente todo o raciocínio jurídico sobre a igualdade. Nada disto compromete a possibilidade de uma compreensão da existência de formas de domínio e subordinação (também) através da promoção ou exclusividade de formas hegemónicas de masculinidade(s). Também elas pressupõem e constituem um paradigma excludente de relacionamento igualitário entre homens e mulheres.

Quanto à referência à igualdade social, é clara a relação inevitável entre um qualquer Direito das Mulheres enquanto campo de investigação ou disciplina académica e a questão da igualdade, por um lado. Por outro, a inclusão expressa das palavras poderá ter a justificação de chamar a atenção para a circunstância de que as mulheres são um grupo socialmente desfavorecido entre outros. E que, por isso mesmo, a *interseccionalidade* do domínio, ou da discriminação, é questão essencial para se entender como funciona a construção jurídico-social das mulheres, dos homens, das relações entre eles e dos múltiplos subgrupos em que se podem aglutinar. Por outro ainda, ajuda a lembrar que a desigualdade não é necessaria-

---

[11] AMÂNCIO, Lígia (2004) (coord.), *Aprender a Ser Homem. Construindo Masculinidades*, Lisboa: Livros Horizonte. TERESA JOAQUIM organizou em Setembro de 2004 um encontro no Convento da Arrábida, Fundação Oriente, sob o título "Masculinidades/Feminilidades". A editora inglesa *Sage* publica uma revista na área da Sociologia intitulada *Men and Masculinities*. Um exemplo interessante de obra que incide sobre este tema (construção de masculinidades), mas centrada em territórios geográficos e simbólicos menos comummente explorados é a editada por MAI GHOUSSOUB e EMMA SINCLAIR-WEBB em 2006, *Imagined Masculinities. Male Identity and Culture in the Modern Middle East*, Londres: Saqui.

mente legal, em sentido estrito, mas pode colocar-se apenas ou predominantemente no campo da prática social, não obstante o carácter mais igualitário das regras formais de Direito, a partir de uma certa fase do desenvolvimento dos sistemas jurídicos democráticos.

Em minha opinião, a sua legitimação juridico-científica através do ideal democrático da igualdade foi o caminho possível – até agora. Mas penso que será altura de ver com cuidado até que ponto essa arrumação teórico-política pode criar os seus próprios entraves ao avanço do nosso entendimento. É aí que em alguma medida me separo de STANG DAHL, embora com a convicção de que esta crítica está contida no seu próprio pensamento. Melhor dizendo: que se trata mais de um possível desenvolvimento do que de uma possível crítica. Em qualquer caso, esta será ainda a melhor forma que conheço de continuar o seu trabalho.

Adiante explicitarei melhor esta questão, através da crítica que tento elaborar ao que denomino de *paradigma igualitário.*

O livro de STANG DAHL trata inicialmente de questões gerais de metodologia do Direito das Mulheres, os seus conceitos fundamentais, as suas fontes, a sua legitimação académico-teórica. A segunda parte do livro é ocupada por três exercícios concretos de estudos nesta área: o acesso das mulheres ao dinheiro, considerado essencial numa sociedade em que as relações de troca estão totalmente monetarizadas; as regras do Direito das donas de casa, focando especialmente os problemas que se deparam às mães de crianças portadoras de deficiência e as situações de discriminação a que dá azo a consideração das mulheres como cidadãs com uma ligação indirecta ao Estado e ao mercado de trabalho. Finalmente, observa-se como as regras aparentemente neutras em matéria de desemprego afectam adversamente as mulheres, dadas as diferenças profundas das suas condições de vida por comparação com as dos homens.

O que é notável nestes estudos é que eles não se limitam a protestos contra a desgraça nem se dedicam a denunciar hipotéticas conspirações dos poderosos contra os fracos, cujo potencial explicativo, aliás, expressamente recusam. Antes consistem em rigorosas análises científicas de material legislativo de vários níveis e de material empírico de grande valor para o entendimento da situação juridico-real das mulheres norueguesas[12]. É sobretudo esta atenção à realidade empírica e aos níveis "baixos" de produção legislativa (circulares, orientações, regulamentos, que são normalmente pouco ou nada considerados nos estudos académicos) que dá a esta obra um enorme valor heurístico a par de uma grande originalidade. A sua autora propõe-se avançar no entendimento das coisas e atinge esplendorosamente o seu objectivo. A "perspectiva feminista sistemática"[13] que adopta não a impede de ver objectivamente; pelo contrário, é essa mesma perspectiva que lhe permite ver, que lhe dá uma visão crítica sem a qual não poderia ter pensado e escrito este livro.

3. Objectivo e razão de ser da disciplina

Nesta cadeira denominada *Direito das Mulheres e da Igualdade Social* (DMIS), pretendo colocar em geral o problema da diferenciação jurídica das pessoas consoante as suas características a que o Direito, entre outros discursos e práticas, atribui relevância.

Isto é, julgo interessante investigar qual a relevância que o discurso jurídico dá a certas percepções sociais de pertença-exclusão-semelhança-diferença; e, simultaneamente, indagar como é que o Direito contribui para essa mesma criação de identidades. Por isso darei atenção a categorias como o "género" (masculino e feminino),

---

[12] A razão da minha escolha deste livro está explicada no prefácio à edição portuguesa. O sistema jurídico norueguês é mais próximo do português do que os sistemas da *Common Law*, o outro espaço em que à data existiam obras interessantes nesta área. Mas além disso o livro de STANG DAHL apresentava duas vantagens: o seu carácter introdutório, fácil de ler e de compreender, e uma sistematização mais semelhante, mais consentânea com o que poderia ser um livro jurídico na nossa tradição romano-germânica. A tradução foi feita da versão em língua inglesa, também editada pela Universidade de Oslo, versão essa directamente controlada pela Autora, e nesse sentido autógrafa.

[13] DAHL, Tove Stang (1993), p. 5.

a "raça", a "preferência sexual". Muitas outras podem ser consideradas em semelhante perspectiva, como a idade, a crença religiosa ou a capacidade ou incapacidade física, entre outras. Não será casual a escolha por parte da União Europeia, ao seleccionar para a sua política e a sua actividade legislativa os principais seis factores proibidos de discriminação: sexo, idade, raça, religião, capacidade física e orientação sexual[14]. Mas julgo que em termos pedagógicos é preferível a concentração em alguns factores de identificação social e jurídica, sobretudo na medida em que interagem de forma significativa entre si.

Uma das opções mais difíceis que se me depararam ao estruturar o curso, logo na versão inicial de 1998/1999, em parte por causa da minha forma de pensar, foi a questão de saber se me concentraria "apenas" na dimensão do género, ou se insistiria em estudar outras categorias discriminatórias e a sua construção/reconstrução jurídica. Optei por esta última alternativa, mas dando maior relevo ao género. Por isso, utilizei inicialmente (1998/1999) como subtítulo do curso a expressão "Direito da Discriminação". Depois acabei por retirá-la, porque ela tem, pelo menos em alguns países, uma conotação muito estreita e exclusiva com as questões da discriminação no trabalho e no emprego.

A existência de discriminações em função da raça ou da orientação sexual e o seu relacionamento com o Direito têm uma dupla razão de ser enquanto objecto de indagação num curso (disciplina) intitulado *Direito das Mulheres e da Igualdade Social*.

Por um lado, há uma conexão profunda, íntima, entre as relações sociais de género e as relações sociais de raça e de sexualidade (ou de orientação sexual). As proibições de relacionamento sexual *miscígenas* sempre tiveram diferente valoração consoante a pessoa da raça considerada "inferior" fosse a mulher ou o homem. E as proibições sociais ou legais de relacionamento homossexual sempre tiveram uma evidente dimensão de sustentação das relações dominantes de género,

---

[14] Cf., nomeadamente, o art. 13.º do Tratado que Institui a Comunidade Europeia, aditado pelo Tratado de Amesterdão.

isto é, a homossexualidade sempre foi vista como ameaçadora, perturbadora, das relações *normais* entre homens e mulheres[15].

Por outro lado, a forma como a discriminação entre as categorias de pessoas é levada a cabo nestes campos apresenta muitas semelhanças com a que opera no campo de diferenciação sexual. Há uma dicotomização de características por oposição (embora a classificação de raças se multiplique além de duas, a verdadeira oposição é entre *brancos* e *não brancos* e os homossexuais são a categoria contraposta aos heterossexuais, mesmo se em certos contextos aparece uma terceira categoria, os ditos bi-sexuais). Há um lado *certo* e um lado *errado* nestas separações, que em grande medida consistem em atribuir uma identidade baseada supostamente em aspectos biológicos que são tomados como essenciais na definição da maneira de ser das pessoas. A luta contra a discriminação também apresenta semelhanças históricas, designadamente a reconstituição contra- hegemónica de identidades valorizadas (a corrente *different voice* no Feminismo[16], ou os movimentos e ideologias expressos nos slogans *black is beautiful*, ou *gay pride*).

Há, ainda, uma terceira razão para alinhar o estudo destas duas áreas de discriminação com a baseada no género. Consiste no valor heurístico e pedagógico da demonstração do carácter *multifactorial* da discriminação que atinge muitas pessoas. Quer na doutrina jurídica quer na actuação de entidades internacionais como a União Europeia[17] a chamada de atenção para o efeito *cumulativo* dos factores de discriminação é frequente e justificada.

---

[15] *Vide*, na matéria, David Estlund e Martha Nussbaum, (1997) (coord.), *Sex Preference and Family*, Oxford: Oxford University Press.

[16] *In a Different Voice: Psychological Theory and Women's Development* (Cambridge, Harvard University Press) é o título de uma obra muito influente no Feminismo americano e em muitos outros locais por irradiação dessa cultura, publicada em 1982 por Carol Gilligan, psicóloga e professora em Harvard. Nessa obra defendeu a diferença entre a forma de pensar e decidir das mulheres e dos homens. Estes preocupar-se-iam com ideias de justiça, aquelas com ideias de cuidado.

[17] Ver www.stop-discrimination.

Mas não deixarei de fazer referências pontuais a outros factores que estão tão intrinsecamente ligados a estes que se torna difícil e certamente perigoso, do ponto de vista do rigor, ignorá-los. Pense-se na idade, na deficiência, na pobreza. É impossível compreender como socialmente é discriminada, menosprezada, uma mulher pobre, deficiente e velha se não se acrescentar estas características ao género, isto é, se não se insistir em que o sistema das relações sociais de género é permanentemente qualificado, "acrescentado", *recomposto* por outros sistemas que com ele se entrelaçam e que definem as pessoas (também) em termos de capacidades físicas (idade, deficiência) e económicas (pobreza). O problema é que, se a concentração em *alguns factores* pode ser pedagogicamente aconselhável, por outro lado a sua própria multiplicidade é chave de entendimento do que, realmente, se passa na vida das pessoas (designadamente, na vida das mulheres). Penso que uma solução equilibrada será a escolha no sentido de desenvolver com mais pormenor algumas das categorias – a minha escolha tem recaído sobre a raça e a orientação sexual, mas cada vez mais sinto que é essencial fazer referência à idade, à capacidade física – e simultaneamente deixar claro que o não desenvolvimento equiparável de outras categorias se deve fundamentalmente à falta de tempo e espaço para tratar de todas de forma equivalente. Sugerir pistas de investigação e futuro estudo nestas áreas é ainda uma possibilidade. Mais do que (apenas) ensinar como acontece a dominação de certos grupos definidos por certas características e qual o papel do Direito nesse domínio e depois como o Direito se foi (se vai) constituindo em contra-discriminador, eu pretendo dar instrumentos de compreensão e busca para que os estudantes fiquem motivados e habilitados para pensarem na dimensão jurídica da discriminação e da igualdade e sejam capazes de, como juristas profissionais, no futuro, agirem enquanto utilizadores dos instrumentos do Direito neste campo. Como hipotéticos legisladores, magistrados, funcionários, advogados, o que seja. Mas também como investigadores, se o gosto e a vida para aí os levarem. Essa é uma das funções dos pequenos trabalhos de investigação que normalmente proponho aos estudantes.

Esta decisão de acrescentar ao género outros factores de discriminação prendeu-se também, em alguma medida, com a consciência de "falta de espaço" para essas outras dimensões da discriminação em outras disciplinas do curso. Tanto quanto sei e posso avaliar, julgando com base nos programas das várias "cadeiras", os problemas não são suficientemente tratados em nenhuma das matérias em que formalmente poderiam caber.

Penso hoje que, havendo tempo e espaço, se justificaria porventura a existência de uma disciplina sobre *Direito das Mulheres* e outra(s) dentro desta área a que podemos chamar *Direito da Discriminação* (ou *da Igualdade Social*, numa perspectiva de nomeação porventura mais optimista). Recordo por exemplo a existência, já no longínquo ano lectivo de 1986/87, na Faculdade de Direito da Universidade de Kent (Cantuária, Reino Unido), de uma disciplina com o título *Race Relations*. Frequentei esse seminário, leccionado pelo Professor PETER FITZPATRICK, então na Universidade de Kent. A percepção do problema social centrado na questão da "raça" – ou, talvez mais correctamente, do racismo – certamente levou à sua criação. Hoje a multiplicação de disciplinas deste tipo é notória, sobretudo nos países anglo-americanos ou sob a sua forte influência académica e cultural.

O centro do Programa será portanto a questão da diferenciação jurídica em termos de género – a mais trabalhada, a mais significativa do ponto de vista estatístico (população) e a que mais me interessa e melhor conheço. Mas eu encaro-a, de alguma forma, como um *estudo de caso*. Interessa-me, em geral, a questão da identidade juridico-social das pessoas, que é adscrita através da atribuição de indivíduos a certos "grupos", na medida em que implica práticas e regras discriminatórias, por um lado; e, por outro, pelo facto de o Direito também se poder instituir enquanto factor de contra-discriminação, de promoção activa de igualdade, assim porventura contribuindo para a eliminação de desigualdades injustas que ajudou a criar e em certos casos fomentou positivamente de forma vinculativa (estatuto das mulheres na família, leis sobre escravatura e *apartheid*, incriminação da homossexualidade, ou, melhor dizendo, da prática de actos homossexuais, como tradicionalmente a lei fez, mais precisamente conotando-os com actos pecaminosos ou *contra-natura* porque e enquanto actos não conducentes à procriação).

O problema não está na diferenciação em si, mas no facto de essa diferenciação ser *hierarquizada*. A distinção entre homens e mulheres (e "brancos" e "não brancos", "homossexuais" e "heterossexuais") que o Direito ora fomenta, ora ignora, ora limita, ou mesmo proíbe, é uma distinção carregada de sentido *discriminatório*. Implica uma concepção de diferenciação vertical, não uma simetria horizontal. Mais do que desigualdade, estamos perante situações de domínio, de subjugação, de hierarquia.

Não se trata, como a expressão *complementaridade* sugere, de ver os homens e as mulheres assim:

Homens — Mulheres

Mas assim

Homens
—
Mulheres

É por isso que a diferenciação que acompanha a identificação das pessoas é uma questão relevante para o Direito. Porque o Direito para ela contribuiu (e, em alguns locais discursivos e geográficos, ainda contribui fortemente) e porque os princípios do Estado de Direito democrático, entre eles o da igualdade e o da dignidade, se opõem a essa diferenciação enquanto hierarquia[18].

---

[18] A palavra *hierarquia* surge em muitos textos, como por exemplo em VICENTE, Ana (2002), *Os Poderes das Mulheres, Os Poderes dos Homens*, Lisboa: Gótica, e BELO, Fernando (1995), "Sexo e Género: Que Relação?" *in Em Busca de uma Pedagogia da Igualdade, Actas da Universidade de Verão, 17-23 de Julho de 1994* (coord.: Comissão para a Igualdade e para os Direitos da Mulheres), Lisboa: Comissão para a Igualdade e para os Direitos das Mulheres.

A Constituição da República Portuguesa, de 2 de Abril de 1976 (CRP) proíbe, no art. 13.º, o tratamento discriminatório entre as pessoas. Explicita exemplificativamente fundamentos ilegítimos de distinção entre elas. A última categoria a ser acrescentada foi a "orientação sexual" (Revisão constitucional de 2004).

Em outras disposições, a Constituição ordena ao Estado que promova activamente a igualdade entre pessoas, dando à palavra um considerável âmbito de significado (intervenção na vida política das mulheres, por exemplo). Com esta igualdade constitucionalmente imposta é certamente incompatível uma diferenciação hierarquizada entre as pessoas.

O objectivo último desta disciplina é a compreensão dos mecanismos socio-jurídicos que condicionam as relações entre as pessoas, diferenciando entre elas "legítima" ou "ilegitimamente". Diferenciando *hierarquicamente*. Mais do que o estudo exegético de disposições constitucionais sobre igualdade, o que tradicionalmente é levado a cabo na disciplina de Direito Constitucional, ou de Direitos Fundamentais, pretende-se um trabalho mais "chão" sobre a realidade da vida dos cidadãos e das cidadãs. Mas também um trabalho mais crítico, mais desconstrutivo, que seja capaz de questionar o que as discussões jurídicas sobre igualdade e discriminação habitualmente dão por adquirido e indiscutível, não-problemático. Designadamente, as categorias ditas ou pensadas como pré-jurídicas (sexo, raça, orientação sexual) face às quais, "inocentemente", o Direito proibiria discriminações ou comandaria igualdade.

Em que medida o próprio Direito contribuiu ou contribui para a estratificação social em classes de pessoas superiores e inferiores? De que forma pode o Direito desfazer essa hierarquização? As múltiplas normas anti-discriminatórias concorrem para a eliminação do sistema de castas (estados) que o Direito ajudou a construir? Ou, em alguma medida, ajudam a perpetuar a convicção de que as pessoas são naturalmente diferentes e por isso é preciso tratá-las como se fossem iguais ("todos diferentes, todos iguais")?

Trata-se de categorizações socialmente fundadas a que o Direito se limitou a *aderir*? Ou o Direito é principal autor dessas distinções[19]? A hierarquização entre homens e mulheres estará indissociavelmente ligada à conceptualização das pessoas como sendo *homens* ou *mulheres*? Diferenciação e hierarquia andam inevitavelmente a par?

A disciplina "Direito das Mulheres e da Igualdade Social" foi introduzida no elenco das "cadeiras de opção" da licenciatura em Direito na Faculdade Nova por decisão do Senado e despacho reitoral, em 1997, sob proposta da Comissão Instaladora, e começou a ser leccionada (por mim) no ano lectivo 1998/1999. Faz parte das disciplinas incluídas no grupo de Direito Público, e pertence ao campo da área social, consoante os despachos publicados no Diário da República – II série, n.º 157, de 10 de Julho e n.º 267, de 18 de Novembro de 1997.

Algumas pessoas interrogam-se sobre as razões de existência desta disciplina. Por que razão existe uma "cadeira" com este estranho nome? Não são as mulheres e os homens *iguais* no Direito e não é o lugar de tal simples consideração "apenas" na declinação constitucional dessa mesma igualdade? Não deveria, assim, ser o estudo confinado ao Direito Constitucional e eventualmente a referências sectoriais a cláusulas específicas sobre igualdade ou não discriminação (no Direito do Trabalho, no Direito da Família, no Direito Penal, Fiscal, Internacional...)?

As Actas da Comissão Instaladora da FDUNL registam um curioso incidente associado à génese desta disciplina, contestada por algumas alunas ao tempo[20] e que era de mim conhecido por me

---

[19] Sobre a importância do Direito e da Medicina na elaboração do conceito de mulher na tradição europeia, cf. HESPANHA, António Manuel (2001).

[20] Das *Actas da Comissão Instaladora* consta a seguinte referência:
– *Acta n.º 50*, de 26 de Janeiro de 1998
"...e) Ano lectivo 1998-1999 – Foi aprovada a seguinte deliberação quanto ao elenco das disciplinas a leccionar pela primeira vez no próximo ano lectivo: no *1º semestre* – ...Direito das Mulheres e da Igualdade Social..."

ter sido relatado de viva voz por vários dos intervenientes. Algumas alunas do primeiro curso reagiram negativamente à ideia, ou à notícia, de que no segundo ano de funcionamento da Faculdade abriria pela primeira vez (em Portugal) uma disciplina intitulada Direito das Mulheres e da Igualdade Social. No seu entender, não se justificava a existência desta disciplina, e essa mesma existência seria em si um sinal, um factor ou um caso de discriminação[21]. Ainda hoje (ano lectivo de 2007/2008) ouço por vezes algumas alunas que escolheram frequentar a "cadeira" relatar comentários semelhantes por parte de outros ou outras colegas.

Depois de 1999/2000, a disciplina aparece referida no Guia com a denominação "Direito da Igualdade Social", e a partir de 2003 aparece com esse mesmo nome, acrescentando-se em subtítulo

---

– Acta n.º 52, de 23 de Fevereiro de 1998

"...d) Exposição de duas alunas dirigida aos membros da Comissão Instaladora – foi analisada a solicitação das alunas no sentido de ser alterada a designação da disciplina «Direito das Mulheres e da Igualdade Social». O assunto foi discutido e expressaram a sua opinião todos os membros da Comissão presentes.

A Comissão Instaladora considerou que, não estando neste momento o plano de estudos da licenciatura em revisão, não se justifica qualquer mudança que, a ocorrer, será devidamente fundamentada num futuro trabalho de revisão do plano de estudos, presentemente em vigor e formalmente aprovado pela Comissão Instaladora e pelos órgãos da Universidade..."

Agradeço à Dr.ª TERESA MARGARIDA PIRES a ajuda prestada na consulta das Actas.

[21] Passados uns três ou quatro anos sobre este pequeno incidente, uma aluna então perto do final do curso procurou-me para me contar que, no átrio da FDUNL, aparecera um cartaz com um anúncio de oferta de emprego por parte de uma companhia de seguros, em que se explicitava que se daria preferência a "candidatos do sexo masculino". Perguntou-me como poderia legalmente reagir ao que considerava uma inadmissível discriminação. No final da conversa, "confessou-me" que fora uma das alunas que tinham protestado contra a existência de uma disciplina intitulada "Direito das Mulheres e da Igualdade Social", e que o fizera em boa medida porque estava convencida de que nunca depararia com a situação que acabava de encontrar. Para ela, eram coisas do passado, que já não aconteceriam na sua vida.

a referência ao conteúdo – Direito dos Estrangeiros, ou Direito das Mulheres. Esta diferenciação foi a certa altura acompanhada pela distinção do código académico das disciplinas, introduzida pela necessidade de tornar clara a sua diferença enquanto matéria leccionada, com as implicações daí derivadas (repetições de exame, possibilidade de frequência das duas disciplinas). Em 2007, no início da aplicação da Reforma baseada na Declaração de Bolonha, a disciplina aparece com a designação oficial de "Direito da Igualdade Social", com o código LL109.

Não é habitual hoje a existência de disciplinas académicas no Direito que se definam pelo objecto enquanto referência a determinada categoria de pessoas[22]. Mas algumas possibilidades levantariam porventura menor estranheza. É provavelmente o caso do Direito dos Menores. A diferença entre esta hipótese e a de Direito das Mulheres parece ser que a aceitação da *naturalidade* do tratamento autónomo, separado, dos menores não tem correspondência no que às mulheres diz respeito. Ao contrário do que acontece quanto ao género, a idade é ainda aceite como estabelecendo uma natural e relevante diferença que torna mais facilmente compreensível um tratamento académico autónomo e separado. A ideia de necessidade de protecção no que respeita a crianças está naturalmente associada à ideia de vulnerabilidade, o que é de difícil aceitação no que diz respeito às mulheres (adultas). O mesmo se poderia talvez afirmar quanto aos estrangeiros.

---

[22] STANG DAHL (1993) sugere várias possibilidades, ultrapassando largamente os pontos de referência desta parte do texto (Direito dos Prisioneiros, Direito dos Estudantes, Direito das Donas de Casa...). Em comum entre si e em comum com o Direito das Mulheres teriam a determinação do seu objecto e conteúdo pela categoria de pessoas a que as normas dizem respeito. Podemos pensar no Direito dos Consumidores como uma possível formulação do mais comummente chamado "Direito do Consumo". Ou no Direito dos Trabalhadores como a essência do Direito do Trabalho. Na realidade, ambos têm em comum com o Direito das Mulheres a sua origem e razão de ser "protectora". Ou, no caso da experiência pedagógica da FDUNL, o já referido exemplo do Direito dos Estrangeiros.

Ainda assim, um hipotético "Direito dos Mais Velhos", ou talvez mais eufemisticamente, da "Terceira Idade", poderia gerar reacções de dúvida e estranheza semelhantes. E no entanto, a sua existência, a par do progressivo desenvolvimento da investigação sociológica neste campo, e da preocupação política de luta contra a discriminação em função da idade (maior), representada de uma forma particularmente visível pela União Europeia[23], tornam provável, ou pelo menos possível, a hipótese de nascimento de uma disciplina desenhada a partir desta forma de referência. O avanço das investigações sociológicas justificará uma preocupação de análise jurídica paralela ao que aconteceu com as mulheres ou com as crianças. É certo que o Direito dos Menores tem outra tradição, pelo menos no plano legislativo. Mas o seu conteúdo enquanto disciplina académica teria hoje certamente contornos bem diversos do que seria provável antes da afirmação internacional dos direitos das crianças (palavra que aliás tenderá possivelmente a substituir aquela em vários contextos, embora no Direito Português as duas palavras tenham, em alguns contextos, sentidos técnicos diferentes; um exemplo pode ser visto nos preceitos que regulam os "crimes contra a auto-determinação sexual", no Código Penal)[24].

3.1. *Um caso da vida contemporânea*

No que às mulheres diz respeito, parta-se a título de exemplo de uma situação real da vida que deu origem a uma decisão de um organismo internacional que opera no seio das Nações Unidas.

---

[23] As medidas legislativas e outras da União Europeia dirigidas à proibição de discriminação concentram-se actualmente, como já referi, sobretudo em seis factores, um dos quais é justamente a idade: sexo, raça, religião, idade, orientação sexual e capacidade física.

[24] *Vide*, por exemplo, o parecer da Associação Portuguesa de Mulheres Juristas sobre a Revisão do Código Penal (2007), em www.apmj.pt.

Em Maio de 2007, o Comité que fiscaliza a aplicação da Convenção para a Eliminação de Todas as Formas de Discriminação Contra as Mulheres[25], dita "CEDAW", acrónimo da sua designação em língua inglesa, decidiu sobre uma queixa apresentada por uma mulher paquistanesa a residir (precariamente) no Reino Unido[26].

A queixosa invocava perigo de ser maltratada, torturada e provavelmente morta pelo ex-marido e respectiva família se regressasse ao Paquistão. Por essa razão, considerava que o Reino Unido, a não lhe reconhecer o estatuto de asilada, deveria pelo menos aceitar a sua residência legitimada por razões humanitárias.

A descrição dos factos é, como o Comité reconhece, indiciadora de situação típica de mulheres vítimas de violência familiar. A natureza fortemente patriarcal da sociedade paquistanesa[27] torna a possibilidade de sobrevivência e defesa desta mulher ainda muito mais problemática.

---

[25] Adoptada e aberta à assinatura, ratificação e adesão pela resolução n.º 34/180, da Assembleia Geral das Nações Unidas.

[26] "Decision on an individual complaint, submitted under the Optional Protocol to the Convention on the Elimination of All Forms of Discrimination against Women, adopted by the Committee at the 38th session, May 2007". Ver http://www.ohchr.org/tbru/cedaw/NSF_V_United_Kingdom.pdf.

[27] O carácter patriarcal do sistema jurídico é evidente, por exemplo, na forma como ainda é regulado o crime de violação, que na visão islamizada da lei paquistanesa exige prova testemunhal de "quatro bons muçulmanos", sob pena de a vítima ser incriminada, ela própria, por adultério. A divisão da sociedade paquistanesa nesta matéria, visível nas tentativas recentes de alterar a lei e nas resistências que defrontam, é um dos campos em que as facções mais tradicionalistas e o campo mais secular e "moderno" se defrontam. Ver, por exemplo, a história da vítima de violação colectiva como forma de punição de um ilícito cometido pelo irmão (conhecido em outras sociedades tribais e, ainda que com diversa aparência, nas sociedades ocidentais "civilizadas", como se pode ver por exemplo em AMARA, Fadela (2004), *Ni Putes Ni Soumises*, Paris: Éditions La Découverte) que reagiu apresentando queixa e dedicando-se à causa da educação das raparigas (e dos rapazes) da sua tribo. No sítio electrónico da BBC, consultado em 6.10.2007, "*Mukhtar Mai was once an anonymous Pakistani villager – but that was before she was gang-raped, apparently on the orders of local elders in a neighbouring village*", notícia de Dan Isaacs, BBC News, Islamabad.

Este caso pode ser visto como um exemplo, entre muitos possíveis, da razão de ser do estudo de uma disciplina intitulada Direito das Mulheres. Trata-se de uma decisão de um Comité cujos poderes são algo limitados, uma vez que não vinculam o Estado a que se dirigem de uma forma análoga às decisões de um tribunal, ainda que feita a comparação no "difícil" plano internacional[28]. Mas não é por isso que o seu lugar de exame, análise e estudo deverá ser – ou poderá ser – a disciplina de Direito das Mulheres e não, porventura, o "clássico" Direito Internacional Público. Ou, numa outra perspectiva plausível, uma disciplina de Direitos Fundamentais. O que este caso e esta decisão mostram é uma situação que só pode ser compreendida *se for ponderada a vulnerabilidade desta mulher enquanto ser humano social e juridicamente subordinado*, o que transcende largamente a consideração do problema como "simplesmente" uma questão de igualdade ou discriminação. Ou de eficácia de decisões deste tipo de organismos internacionais. Trata-se, realmente, de discutir, de estudar, a regulação jurídica (ou, em alguns casos, a des-regulação) de relações de subordinação, de sujeição. A expressão escolhida para o seu Ensaio publicado em 1869 por JOHN STUART MILL, *[On] The Subjection of Women*[29], é a mais apropriada. Ou, na mesma tradição, o título de MARY WOLLSTONECRAFT, que no mesmo país e na mesma língua publicou, cem anos antes (1792), *A Vindication of the Rights of Woman*. A necessidade da reivindicação dos direitos da mulher adveio da mesma causa da necessidade da reivindicação dos "direitos do homem", título da obra anterior de WOLLSTONECRAFT, em resposta a EDMUND BURKE. Essa causa é a sujeição. Sujeição de classe para os homens (e as mulheres) e sujeição de género para as mulheres. Sujeições por sua vez qualificadas e multiplicadas por muitas outras razões ou muitos outros pretextos, como já vimos.

---

[28] *Vide*, na matéria, ESCARAMEIA, Paula (2003a), *O Direito Internacional Público nos Princípios do Século XXI*, Coimbra: Almedina, pp. 11 e ss.

[29] MILL, John Stuart e MILL, Harriet Taylor (1970), *Essays on Sex Equality*, ed. Alice ROSSI Chicago: University of Chicago Press.

Nas palavras sugestivas de um dos manuais de Direito das Mulheres mais utilizados nas Universidades americanas[30], o de KATHARINE T. BARTLETT, ANGELA HARRIS, DEBORAH RHODE:

"The non-subordination perspective on women and law shifts the focus of attention from gender-based difference to gender-based inequality and the imbalance of power between women and men. This perspective, sometimes referred to as dominance theory, makes the relevant inquiry not whether women are like, or unlike, men, but whether a rule or practice serves to subordinate women to men. Accordingly, similarities and differences between women and men are important not as givens that produce certain expected, rational consequences in the law, but as part of a larger conceptual system designed to make women's subordination seem natural and legitimate."[31]

A tradição intelectual e política em que se filia esta forma de ver é, evidentemente, a de STUART MILL e de Mary WOLLSTONECRAFT. Mas note-se que aquelas autoras consideram que esta perspectiva deve ser uma das várias em que trabalham, dando também relevo e espaço a temas que consideram ser mais bem enquadrados sob uma perspectiva de igualdade/diferença.

CASS SUNSTEIN coloca a questão da subordinação no plano jurídico, também de forma expressiva:

"Women are second-class citizens throughout the world. For all the differences among Nations, there are striking

---

[30] Uma recensão interessante de alguns dos manuais mais comummente utilizados nas universidades Americanas pode ser vista em LITTLETON, Christine A. (1997), **"Whose Law is this Anyway?"** *Michigan Law Review*, May 97, Vol. 95, Issue 6.

[31] BARTLETT, Katharine T., HARRIS, Angela, e RHODE, Deborah RHODE (2002), *Gender and Law: Theory, Doctrine, Commentary*, 3.ª ed., New York: Aspen Publishers, p. 533.

commonalities as well. Much of this is a product of Law. *Exclusion from political participation; inequality in the ownership of land and in rights of inheritance; restrictions on contraception and abortion – all these and many more, are legal controls."*[32]

O Direito, conforme SUNSTEIN afirma, é responsável por boa parte da *cidadania de segunda classe* que é própria das mulheres em todo o mundo. Mas não é certamente seu único autor. Muitos outros discursos e práticas, desde as tradições e costumes às religiões e às ciências, comungaram da feitura dessa diferenciação hierarquizada. Como ele próprio aliás acentua, em alguns países é particularmente difícil distinguir entre o que é "Direito" e o que é "costumes e tradições". Mesmo nos nossos países democráticos de tipo dito ocidental, em que a separação entre o Direito positivo legislado e os hábitos e tradições é muito mais clara, é possível encontrar campos em que a diferenciação se esbate, por exemplo no âmbito das relações familiares. Onde a lei diz igualdade, paridade, os hábitos *e os tribunais* muitas vezes dizem (ainda) domínio, subordinação[33].

Isto significa que o Direito também contribuiu para a formação do conceito *mulher* (e, por "reflexo", *homem*) e para a compreensão das mulheres enquanto grupo. Incindível dessa formação é a sua subordinação ao outro grupo, o dos homens. Embora em boa verdade essa construção jurídica seja, e tenha sido, fragmentária e não linear, os textos legais comungam com frequência da crença do senso comum de que há suficiente homogeneidade no grupo *mulheres*

---

[32] SUNSTEIN, Cass (1995), p. 359 (ênfase minha).

[33] Alguns exemplos podem ser vistos no meu texto "Anjos e Monstros – A Construção das Relações de Género no Direito Penal", *Ex Aequo, Revista da Associação Portuguesa de Estudos sobre as Mulheres*, n.º 10 (Outubro de 2004), pp. 29-40, e em MACHADO, Helena (2007), *Moralizar para Identificar. Cenários da Investigação Judicial da Paternidade*, Porto: Edições Afrontamento.

para que elas possam ser referidas enquanto grupo, enquanto categoria. No movimento que vai da especificação à neutralidade em termos de *expressão legislativa*, mas que por vezes se revela "pendular", a convicção de que o mundo se divide entre homens e mulheres é evidente. É uma espécie de convicção de *similia similibus*, como se o problema linguístico, social e jurídico fosse o de arrumar os semelhantes entre si. E de reconhecer a diferença quando ela se nos depara.

Interessante e curioso (porque raro) exemplo é a linguagem utilizada no Decreto-Lei n.º 320-A/2000, de 15 de Dezembro[34], que refere a necessidade de desenvolver incentivos para *os jovens e as jovens* no sentido de se interessarem por seguir a carreira militar, ou pelo menos por prestar serviço militar (em regime de voluntariado ou de contrato). A lei militar exprimiu-se tendencialmente de formas "falsamente neutras", usando a partir de certa altura a expressão *cidadãos do sexo feminino* para significar cidadãs (art. 42.º da Lei n.º 30/87, de 7 de Julho[35]). Ainda hoje, que o serviço militar, já não obrigatório, está aberto a homens e mulheres, a ambiguidade, nas instituições castrenses, entre a identificação das mulheres que prestam serviço militar como "mulheres" ou como "militares", simplesmente, é visível[36].

---

[34] Este diploma aprova o Regulamento de Incentivos à Prestação de Serviço Militar nos Regimes de Contrato e de Voluntariado.

[35] Esta Lei foi revogada pela Lei n.º 174/99, de 21 de Outubro, Lei do Serviço Militar.

[36] O Ministro da Defesa participou no almoço do dia 8 de Março (dia internacional da mulher) das Forças Armadas. O Diário de Notícias *online* comenta, na edição de 9.3.2007: "O governante participou na cerimónia da messe de Caxias somente no final do almoço. Um evento paradoxal: a política vigente na instituição castrense é de afirmação sistemática, pelas chefias, de que não há mulheres nas Forças Armadas, apenas militares. Isso ficou, aliás, expresso nas palavras com que o general MENDONÇA DA LUZ, director do Serviço de Pessoal, fez o brinde final ao Dia da Mulher: "Às militares [dos três ramos] que circunstancialmente são mulheres."

3.2. Genealogias e desenvolvimentos
Os Estudos sobre as Mulheres

O Direito das Mulheres tem uma dupla genealogia: os *Women's Studies* de um lado e os *Critical Legal Studies* de outro. Dos Estudos sobre as Mulheres herdou não só um campo de investigação e um conjunto de preocupações mas também, em larga medida, a própria razão de ser. Neste aspecto, não difere na sua génese de muitas outras disciplinas saídas do movimento científico e académico de desenvolvimento e legitimação de investigação e estudo da situação social das mulheres, com vista a sugestões de alteração desse estatuto. Dos Estudos Críticos do Direito[37] bebeu a sua vocação crítica e ligação ao activismo social e político. É claro que nenhum destes campos é unitário ou monolítico. Mas as afinidades são claras e é impossível compreender o aparecimento e rápida expansão do estudo académico do Direito das Mulheres sem a referência aos mencionados campos académicos.

Nos Estados Unidos, em que os *Women's Studies* proliferaram a partir dos anos 60/70[38], as disciplinas de *Women and Law* – ou em alguns casos *Gender and Law* – variam entre cursos gerais frequentemente incluídos em licenciaturas em Direito ou disciplinas de opção

---

[37] Insere-se nestes estudos parte da Obra de ANTÓNIO MANUEL HESPANHA. *Vide*, por exemplo, HESPANHA, António Manuel (1997), *Panorama da História da Cultura Jurídica Europeia*, Lisboa: Europa-América; HESPANHA, António Manuel (2004), *Guiando a Mão Invisível. Direitos, Estado e Lei no Liberalismo Monárquico Português*, Coimbra: Almedina, e HESPANHA, António Manuel (2005) (coord.), *Inquérito aos Sentimentos de Justiça num Ambiente Urbano*, Coimbra: Almedina.

[38] BOXER, Marilyn Jacoby, e STIMPSON, Catharine S. (2001), *When Women Ask the Questions: Creating Women's Studies in America*, Baltimore: The John Hopkins Press. *Vide*, também, BOXER, Marilyn Jacoby (2007), *Women's Studies and the Democratisation of Higher Education in the United States*, comunicação apresentada no Colóquio internacional que teve lugar na Casa de Mateus, em Setembro de 2007, centrado no tema *Women's Participation in Democracies*. Em publicação.

em outras licenciaturas e cursos mais especializados, normalmente no nível pós-graduado, como partes de mestrados ou doutoramentos[39].

No Canadá, a forte influência cultural anglo-americana, mesmo em território do Quebeque, justificará porventura a abundância de cursos em Estudos sobre as Mulheres, ligados ou não ao Direito. O mesmo se passa na Austrália.

Na Europa, a Universidade de Oslo[40] terá sido a primeira a ministrar uma disciplina de Direito das Mulheres no curso de Direito, em 1975, por iniciativa da Professora TOVE STANG DAHL, sendo criado um Centro de Estudos *Institute for Women's Law* em 1978. Integrado no Instituto de Direito Público e de Direito Internacional, oferece duas disciplinas. Uma em *Equal Satus Law*, ensinada em língua norueguesa aos estudantes de Direito e aos de Estudos sobre as Mulheres e Género. Outra, em *Women's Law and Human Rights*, é ministrada em língua inglesa como parte do Curso de Mestrado em Direito Internacional Público e da Licenciatura em Estudos sobre as Mulheres e Género – sendo o grau de exigência especificado como diferente nestes dois cursos.

Hoje existem várias disciplinas e diversos seminários nestas matérias, mais frequentes nos países de cultura anglo-saxónica ou com forte influência desse modelo, como os países nórdicos e os Países Baixos. Mas também na nossa vizinha Espanha. A França parece muito menos permeável, e ainda é possível deparar com alguma surpresa perante o ensino de "Direito das Mulheres", ou equivalente, por parte de professores (e professoras) de Direito com longa prática de estudo e ensino de *droits de l'homme*. O que não

---

[39] Um *site* que de entre muitos parece ter informação mais pormenorizada e abundante, em matéria de *Women's* Studies, sobre os Estados Unidos mas também outros países é o criado e mantido pela Professora JOAN KORENMAN, da Universidade de Maryland, Baltimore, em http://userpages.umbc.edu/~korenman/wmst/links.html (consultado em 31 de Dezembro de 2007) sob o título *Women's Studies / Women's Issues Resource Sites*.

[40] Ver o sítio do "Institute for Women's Law" da Universidade de Oslo em www.jius.uio.no/ior/kvretten.

deixa de ser curioso, dado que no nível da legislação sobre a participação política (paridade nas eleições) – e até na prática recente de nomeação para os cargos governamentais – este país andou depressa. Socialmente, as representações parecem estar longe de abandonar os preconceitos misóginos quanto à actividade política[41].

Em alguns locais, o ensino de questões relativas ao Direito das Mulheres surge como parte de outros cursos, que não de Direito, normalmente localizados no campo das Humanidades, de "Estudos sobre as Mulheres", enquanto em outros o contexto académico e científico é o estudo do Direito. Em muitos lugares, os Estudos sobre as Mulheres foram sendo acrescentados, complementados ou substituídos por "Estudos sobre o Género" (*Gender Studies*) – ainda que muitas vezes a referência a "género" indicie "mulheres", os Estudos sobre o Género abrangem a observação, por múltiplos métodos e formas, da construção quer da(s) *feminilidade(s)* quer da(s) *masculinidade(s)*.

Abrangem ainda, ou podem abranger, a investigação de múltiplos aspectos, incluindo na perspectiva jurídica (ou, por vezes, numa *militância* relativa a *direitos*[42]), como as questões da intersexualidade ou da transexualidade. Toda a *perturbação* que estas questões trazem à "ordem de género" justifica a sua inclusão neste campo de estudo, porque muitas vezes é nestas margens que se consegue compreender o centro[43]. Também os *Gay Studies* ou mais

---

[41] Como se tornou óbvio na notável comunicação apresentada por MARIETTE SINEAU no Encontro de Mateus, Vila Real, em Setembro de 2007 (*Women's Participation in Democracies*). Em publicação.

[42] Como no caso de várias associações e movimentos que com frequência têm expressão, origem ou influência em meios académicos e produzem manifestos ou declarações de princípios com os quais pretendem chamar a atenção pública e influenciar política e legislação. Um exemplo pode ser visto na chamada *International Bill of Gender Rights* adoptada pela *International Conference on Transgender Law and Employment Policy* em Houston, Texas, 1995. Ver http://inquirer.gn.apc.org/GDRights.html. Consultado em 19 April de 2007.

[43] Por isso incluí na minha dissertação de doutoramento um capítulo sobre a transexualidade. E normalmente refiro também a questão dos intersexuados nas

recentemente os *Queer Studies* se relacionam de alguma forma, ou mesmo de forma evidente, com os Estudos sobre o Género e os Estudos sobre as Mulheres.

Em alguns contextos, mais recentemente, como por exemplo em Universidades irlandesas, tem-se desenvolvido um enquadramento académico e um interesse de filiação cruzada com os anteriormente referidos, identificando-se pelo nome de "Estudos sobre a Igualdade" (*Equality Studies*)[44].

3.3. Os Estudos sobre as Mulheres em Portugal

Em Portugal, os Estudos sobre as Mulheres desenvolveram-se através da inclusão de várias disciplinas nas Ciências Sociais e Humanidades, existindo um Curso de Mestrado em Estudos sobre as Mulheres na Universidade Aberta, desde 1995, e uma Associação de Estudos sobre as Mulheres (APEM) que edita a revista *Ex Aequo* – que aliás já publicou um número temático duplo sobre os Estudos[45] e um (singelo) sobre Direito e Igualdade[46] (entre homens e mulhe-

---

aulas de Direito das Mulheres, quando discuto a questão da definição dos (supostamente, dois) sexos. Veja-se esta resposta de ANNE FAUSTO STERLING, Bióloga Americana, dada numa entrevista publicada *online* (consultada em 30 de Outubro 2007) http://bms.brown.edu/faculty/f/afs/afs_talks_interviews.htm: *"Q. What do you think nature is telling us by making intersexuals?* **A.** That nature is not an ideal state. It is filled with imperfections and developmental variation. We have all these Aristotelian categories of male and female. Nature doesn't have them. Nature creates a whole lot of different forms."

[44] Por exemplo, no "UCD Equality Studies Centre", University College, Dublin. Ver www.ucd.ie/esc/. *Vide* LYNCH, K. (1999), ""Equality Studies, the Academy and the Role of Research in Emancipatory Social Change", *The Economic and Social Review*, vol. 30, Janeiro 1999, *online* em www.esr.ie/vol30 1/ /3 Lynch, consultado em 9 de Janeiro de 2008.

[45] *Ex Aequo*, n.º 6, 2002.

[46] *Ex Aequo*, n.º 10, 2004: "Direito da Igualdade de Género", organização de MARIA DO CÉU DA CUNHA REGO.

res). De igual modo a Faculdade de Ciências Sociais e Humanas da Universidade Nova de Lisboa organiza, desde 2007, um Mestrado em Estudos sobre as Mulheres.

Em 2004, o Seminário que celebrou os oitenta anos do I Congresso Feminista e da Educação (1924) mostrou de forma evidente a multiplicidade de direcções e a riqueza que este campo de estudos já atingiu em Portugal[47]. Em Setembro de 2007, um Colóquio internacional que teve lugar na Casa de Mateus, centrado no tema *Women's Participation in Democracies* foi também uma interessante demonstração da fertilidade de perspectivas multidisciplinares nesta área[48].

Em 2003, a Fundação para a Ciência e Tecnologia (FCT) celebrou com a CIDM um protocolo de "I&D" destinado a promover a abertura regular de concursos para financiamento de projectos de investigação no campo das (des)igualdades entre homens e mulheres. É interessante ver o catálogo dos temas abrangidos. O primeiro concurso deste tipo, ainda antes da celebração do protocolo, teve lugar em 1999, sendo o júri presidido por LÍGIA AMÂNCIO.

Os desenvolvimentos destes Estudos sobre as Mulheres não podem ser compreendidos sem prestar atenção ao nascimento das variadas associações não governamentais dedicadas a questões de direitos das mulheres, entre as quais se pode destacar, além da já referida APEM, a APMJ (Associação Portuguesa de Mulheres Juristas).

Ou ainda a mais recente *Amonet*, Associação de Mulheres Cientistas. A UMAR (União de Mulheres Alternativa e Resposta) promo-

---

[47] MANUELA TAVARES publicou na Revista *História* n.º 70, de Outubro de 2004, um excelente resumo do Seminário. Os textos das comunicações foram publicados no volume intitulado *O Longo Caminho das Mulheres, Feminismos 80 Anos Depois*, editado por LÍGIA AMÂNCIO, TERESA JOAQUIM *et al.*, Lisboa: D. Quixote, 2007, que passou a constituir uma referência fundamental neste campo.

[48] Organização científica, por convite do Conselho Científico da Fundação Casa de Mateus: ANNE COVA e MARINA COSTA LOBO, do Instituto de Ciências Sociais; TERESA PIZARRO BELEZA, da FDUNL. Comunicações em publicação.

veu em Dezembro 1998 (em Lisboa, no auditório do Montepio Geral) um dos primeiros encontros não estritamente académicos que substancialmente incidiram sobre estudos sobre as mulheres. Este exemplo é elucidativo do carácter frequentemente *militante* do empreendimento académico ou intelectual (quero dizer: fora da Academia) dos estudos sobre as mulheres. Por isso também é essencial uma referência aos movimentos feministas, mesmo num país como Portugal em que foram menos visíveis ou menos directamente influentes nas alterações legislativas.

Muitas dessas associações estão reunidas no Conselho Consultivo do serviço governamental central neste campo, a agora denominada CIG, anteriormente CIDM e na sua origem, em 1976, Comissão da Condição Feminina (CCF). Entre outras actividades, esse Conselho atribui prémios de investigação, divulgação e jornalismo.

Além da APEM, vários Centros de Estudos foram surgindo em diversas Universidades em torno de projectos relacionados com questões do género, ou das mulheres, como por exemplo na Faculdade de Ciências Sociais e Humanas da Universidade Nova de Lisboa ("Faces de Eva"[49]), ou no Departamento de Filosofia da Faculdade de Letras de Lisboa, ou na Universidade de Coimbra[50]...

3.4. Acção política institucional – Organismos e Planos governamentais

No plano da acção política institucional, que também é relevante para a compreeensão destes desenvolvimentos, o Estado português

---

[49] Centro e revista dirigidos pela Professora ZÍLIA OSÓRIO DE CASTRO, historiadora e notável investigadora em Estudos sobre as Mulheres.

[50] Informação *online* interessante encontra-se por exemplo em REI, RODA, AMÂNCIO, Lígia, et al. (2001), *Women in Science: Review of the Situation in Portugal* ("Helsinki Group on Women and Science", assim denominado em função do local do primeiro encontro, formado por impulso da Comissão Europeia) em ftp://ftp.cordis.europa.eu/pub/improving/docs/women national report portugal.pdf, consultado em 31 de Dezembro de 2007.

vem dando alguma atenção a estas questões, desde a instituição da "Comissão da Condição Feminina", consagrada em lei em 1977, mas a funcionar já efectivamente nessa altura[51] – mais tarde, como vimos, rebaptizada "CIDM" (1991) e, em 2007, CIG[52]. Em 1999, o "Gabinete da Ministra para a Igualdade" foi criado, na sequência das eleições que deram segunda maioria consecutiva ao Partido Socialista. Algumas reacções na imprensa mostraram perplexidade perante esta inovação na estrutura governamental e, ainda, uma profunda ignorância da sua razão de ser.

Entretanto, o Governo anterior (também do Partido Socialista) aprovara em Conselho de Ministros o *Plano Global Para a Igualdade de Oportunidades entre Homens e Mulheres*, que aponta essencialmente o caminho do chamado *mainstreaming* para a colocação político-social da questão do género[53]. O incentivo e o controlo dessa acção – desse empenho de introduzir transversalmente a dimensão do género em toda a acção política, governamental, legislativa, social – é justamente a essência das funções de um Ministério para a Igualdade. O Alto Comissariado para a Igualdade (e a Família), que entretanto surgira, por criação do Governo socialista, como uma charneira entre a CIDM e a Presidência do Conselho de Ministros, foi extinto nessa altura. Mas manteve-se o outro Alto Comissariado, destinado às questões relativas à imigração e minorias étnicas (ACIME, hoje ACIDI) – o que apontava o campo de acção da

---

[51] A Comissão da Condição Feminina teve o seu embrião na Comissão para a Política Social relativa à Mulher, criada em 1973, na sequência do funcionamento do Grupo de Trabalho para a Participação da Mulher na Vida Económica e Social, presidido pela Engenheira MARIA DE LOURDES PINTASILGO (1970). Em 1975 foi criada a Comissão da Condição Feminina, novo nome dado à comissão criada em 1973.

[52] A CIG integrou também a Estrutura de Missão para a Violência Doméstica.

[53] Caminho esse muitas vezes criticado porque ineficaz, ou não cumprido. *Vide*, por exemplo, CHARLESWORTH, Hilary (2005), "Not Waving but Drowning: Gender Mainstreaming and Human Rights in the United Nations", *Harvard Human Rights Journal*, volume 18, Spring 2005.

Ministra para a Igualdade como privilegiando em directo as questões ligadas ao género.

Porventura reagindo de forma demasiado epidérmica às críticas da comunicação social e da oposição, o Primeiro-ministro entendeu extinguir o Gabinete em causa na remodelação governamental de Setembro de 2000. Foi dito que a breve existência do Gabinete fora justificada apenas pela presidência portuguesa da União Europeia (primeiro semestre de 2000). Seja qual for o motivo que levou a tão precipitada decisão, é difícil deixar de notar que não houve sequer tempo suficiente para fazer uma avaliação séria das possíveis vantagens ou desvantagens da existência do organismo em causa na estrutura governamental.

O XVII Governo constitucional, em funções desde 2005 até 2009, publicou no Diário da República[54] o "III Plano para a Igualdade – Cidadania e Género (2007-2010)", aprovado pela Resolução do Conselho de Ministros n.º 82/2007. O ano de 2007 decorreu aliás sob o signo da Igualdade no seio da União Europeia, o que deu lugar a múltiplas iniciativas e celebrações. No âmbito deste programa foi apresentado, em Fevereiro de 2009, o "I Programa de Acção para a Eliminação da Mutilação Genital Feminina", resultante do trabalho desenvolvido por um grupo constituído por representantes da Administração Pública, de organizações intergovernamentais e de organizações não governamentais. Outros Planos nacionais relevantes em execução são o III Plano Nacional contra a Violência Doméstica (2007-2010)[55], e o elaborado contra a prostituição e o

---

[54] Aprovado pela Resolução da Assembleia da República n.º 82/2007, publicado no Diário da República, 1ª série, n.º 119, de 22 de Junho de 2007, pp. 3949 e ss.

[55] Aprovado pela Resolução do Conselho de Ministros n.º 83/2007, publicada no Diário da República, 1.ª série, n.º 119, de 22 de Junho de 2007, pp. 3987 e ss. A protecção às mulheres vítimas de violência é ainda assegurada pela Lei n.º 61/91, de 13 de Agosto, pelo Decreto-Lei n.º 323/2000, de 19 de Dezembro, que a regulamenta, pela Lei n.º 107/99, de 3 de Agosto, que estabelece o quadro

tráfico, o "I Plano Nacional Contra o Tráfico de Seres Humanos (2007-2010)", aprovado pela Resolução do Conselho de Ministros n.º 81/2007[56].

3.5. *O Direito das Mulheres e o ensino académico do Direito*

No campo do ensino académico do Direito, a disciplina abriu pela primeira vez, como referi já, na Faculdade de Direito da Universidade Nova de Lisboa, no ano lectivo de 1998/1999.

O nascimento em Portugal desta *especialidade* académica – enquanto disciplina – tem duas razões de ser importantes. Uma é o reconhecimento da viabilidade do seu estudo autónomo, partindo da verificação da necessidade de um conhecimento *transversal* do Direito para compreender a dimensão jurídica do sistema social de *relações de género* (ou seja, a forma como se relacionam socialmente as pessoas identificadas social e juridicamente como homens e mulheres). A outra é a existência comum desta área de ensino e investigação em muitas Faculdades de Direito de outros países – de uma forma mais óbvia no mundo anglo-americano – acompanhando a generalização dos *Estudos sobre as Mulheres* ou, mais recentemente, dos *Estudos sobre Género* (tradução possível, como vimos, da expressão "internacional" *Gender Studies*).

Antes de 1974, no ensino do Direito falava-se muito pouco de igualdade, também por razões políticas em sentido estrito. De igualdade entre os sexos quase se não ouvia, a não ser uma breve referência ao art. 5.º na Constituição de 1933, que proibia a discriminação em função (entre outras circunstâncias) do sexo, mas logo abria a

---

geral da rede pública de apoio às mulheres vítimas de violência, e pela Lei n.º 104/2009, de 14 de Setembro que aprova o regime de concessão de indemnização às vítimas de crimes violentos e de violência doméstica.

[56] Publicada no Diário da República, 1.ª série, n.º 119, 22 de Junho de 2007, pp. 3938 e ss.

excepção em dois casos: o bem da família e a natureza das coisas ("da mulher", no texto constitucional). Na revisão constitucional de 1971, ficou ressalvado apenas o segundo fundamento tido como legitimador de diferenciação.

Dentro das Faculdades de Direito, as críticas à desigualdade entre homens e mulheres no Direito vigente eram pouco assinaladas e raramente comentadas. Uma das excepções era o ensino de PEREIRA COELHO no *Curso de Direito de Família*. Citando a Declaração Universal dos Direitos Humanos, PEREIRA COELHO criticava a desigualdade entre marido e mulher no Código Civil[57]. Críticas semelhantes foram feitas por juristas como ELIANA GERSÃO[58], ELINA GUIMARÃES[59] ou MARIA DOS PRAZERES BELEZA[60]. No campo da participação política traduzida nos preceitos de Direito eleitoral, JORGE MIRANDA saudou com convicção a extensão do sufrágio às mulheres nas eleições para a Assembleia Nacional, em 1968[61]. No mesmo ano, a Faculdade de Direito de Lisboa recebeu um colóquio sobre "A Mulher e a Sociedade" em que participaram várias vozes críticas das leis e costumes de então, como

---

[57] Cf. COELHO, Francisco Manuel Pereira (1970), *Curso de Direito de Família*, t. I, 2.ª edição organizada por ANTÓNIO JOSÉ PINTO LOUREIRO e revista pelo Autor, Coimbra: Unitas Cooperativa Académica de Coimbra, pp. 10-11.

[58] Cf. GERSÃO, Eliana (1966), "A Igualdade Jurídica dos Cônjuges. A Propósito do Projecto de Código Civil", *Revista de Direito e Estudos Sociais*, Ano XIII, pp. 25-64.

[59] Cf., por exemplo, GUIMARÃES, Elina (1945), "A Situação Jurídica da Mulher e a Futura Reforma do Código Civil", *Revista da Ordem dos Advogados*, n.os 3 e 4; GUIMARÃES, Elina (1969), "Evolução da Situação Jurídica da Mulher Portuguesa", in *A Mulher na Sociedade Contemporânea*, Lisboa: Prelo Editora, e GUIMARÃES, Elina (1990), "O Direito e Eu, Recordações Jurídicas", in *O Direito à Igualdade* (coord: Maria Teresa Féria, Isabel Estrela, Gracinda Ferro), Lisboa: Associação Portuguesa de Mulheres Juristas.

[60] BELEZA, Maria dos Prazeres (1969), *A Mulher no Mundo de Hoje*, Lisboa: ed. da autora.

[61] *Vide* MIRANDA, Jorge (2006), "A Igualdade de Sufrágio Político da Mulher (A Propósito da Lei n.º 2137, de 6 de Dezembro de 1968)" in *Escritos Vários sobre Direitos Fundamentais*, Estoril: Princípia Editora, pp. 7-14.

PALMA CARLOS e SOPHIA DE MELLO BREYNER. As comunicações estão publicadas em livro[62].

Na reorganização dos *curricula* que se seguiu à reestruturação das Faculdades (em particular, a de Lisboa, mais afectada no seu funcionamento pelo período revolucionário) foram surgindo novos temas e alguns "antigos" tornaram-se mais desenvolvidos, desdobrando-se em matérias diversas, incluindo algumas disciplinas de opção. Mas em nenhum desses novos espaços a questão do género na perspectiva do Direito encontrou realmente abertura. O mesmo se pode dizer em relação às novas Faculdades privadas. Ou ao curso de Direito ministrado na Universidade Católica.

Na produção científica das Faculdades de Direito, as questões da igualdade têm sido tratadas, designadamente por constitucionalistas, mas não especialmente em relação à discriminação em função do sexo, com algumas excepções. Estas localizam-se no campo de eleição do Direito Comunitário e de sua mais directa influência (MARIA DO ROSÁRIO RAMALHO[63], Guilherme Dray[64]) ou

---

[62] Cf. ANDRESEN, Sophia de Mello Breyner (1969), "A Mulher na Cidade do Homem", *in A Mulher na Sociedade Contemporânea*, Lisboa: Prelo Editora, e CARLOS, Palma (1969), "A Mulher e o Trabalho" *in A Mulher na Sociedade Contemporânea*, Lisboa: Prelo Editora.

[63] *Vide*, por exemplo, RAMALHO, Maria do Rosário Palma (1997), "Igualdade de Tratamento entre Trabalhadores e Trabalhadoras em Matéria Remuneratória: A Aplicação da Directiva 75/117/CE em Portugal", *Revista da Ordem dos Advogados*, 1997, Lisboa, e RAMALHO, Maria do Rosário Palma (2004), "O Direito da Igualdade no Código do Trabalho – Contributo para uma Reflexão", *in A Reforma do Código de Trabalho* (coord.: Centro de Estudos Judiciários e Inspecção-Geral do Trabalho), Coimbra: Coimbra Editora.

[64] Cf. DRAY, Guilherme Machado (1999), *O Princípio da Igualdade no Direito do Trabalho, Sua Aplicabilidade no Domínio Específico da Formação de Contratos Individuais de Trabalho*, Coimbra: Almedina; DRAY, Guilherme Machado (2001), "Autonomia Privada e Igualdade na Formação e Execução de Contratos Individuais de Trabalho", *in Estudos do Instituto de Direito do Trabalho* (coord: Pedro Romano Martinez), Vol. I, Coimbra: Livraria Almedina, e DRAY, Guilherme (2004), "Artigo 23" *in Código do Trabalho Anotado*, 2.ª ed. rev., Coimbra: Almedina.

em alguns escritos sobre "igualdade" (MARIA DA GLÓRIA GARCIA). A participação política foi objecto de uma obra colectiva (em torno do Prof. JORGE MIRANDA[65]) que analisa as questões da fraca participação efectiva das mulheres, caídas as restrições legais expressas. MARIA LÚCIA AMARAL, que também colaborou nessa obra, publicou alguns artigos relacionados com essa questão[66].

MARIA DA GLÓRIA GARCIA publicou, em 2005, um estudo muito cuidado sob o título "Poder e Direito no Feminino ou simplesmente Poder e Direito?"[67] um exemplo raro de trabalho nesta área.

Algumas colecções de jurisprudência sobre igualdade entre homens e mulheres incluem as editadas pela Comissão para a Igualdade no Trabalho e no Emprego[68] (CITE) em 1998 e 2006, e a publicada pela CIDM em 1996[69].

---

[65] CANAS, Vitalino et al. (1998), *Democracia com Mais Cidadania*, Lisboa: Presidência do Conselho de Ministros e Imprensa Nacional – Casa da Moeda.

[66] Cf., nomeadamente, AMARAL, Maria Lúcia (2000), "Las Mujeres en el Derecho Constitucional: el Caso Portugués" *in Mujer y Constitución en España*, Madrid: Centro de Estudios Políticos y Constitucionales, e AMARAL, Maria Lúcia (2004), "Um Povo de Homens e de Mulheres em País de Constituição Débil", *Ex Aequo, Revista da Associação Portuguesa de Estudos sobre as Mulheres*, n.º 10 (Outubro de 2004), pp. 17-27.

[67] GARCIA, Maria da Glória (2005) "Poder e Direito no Feminino ou simplesmente Poder e Direito?" *in Estudos sobre o Princípio da Igualdade*, Coimbra: Almedina.

[68] Instituída, junto do então Ministério do Trabalho, pelo art. 14.º do Decreto-Lei n.º 392/79, de 20 de Setembro.

[69] MINISTÉRIO DO TRABALHO E DA SOLIDARIEDADE (1998), *Igualdade de Oportunidades entre Mulheres e Homens: Trabalho, Emprego e Formação Profissional – Jurisprudência do Tribunal de Justiça das Comunidades Europeias*, Lisboa: Ministério do Trabalho e da Solidariedade; COMISSÃO PARA A IGUALDADE E PARA OS DIREITOS DAS MULHERES (1996), *Umas e Outros. Colectânea de 10 Anos de Jurisprudência 1984-1994*, Portugal: Comissão para a Igualdade e para os Direitos das Mulheres, e FERNANDES, Maria Paula Sá, ROCHA, Rui A. M. da, e CERQUEIRA, Magda (2006), *Vinte e Dois Anos de Jurisprudência Portuguesa sobre Igualdade Laboral em Razão do Sexo (1979-2001)*, Lisboa: Comissão para a Igualdade e para os Direitos das Mulheres. MARIA DO CÉU CUNHA REGO, no prefácio que faz

Suponho que a ideologia académica ainda hoje largamente dominante será, em grande medida, a de que o problema juridicamente não existe, dado que as leis declaradamente discriminatórias foram revogadas pela Constituição de 1976 e muitos Códigos essenciais (Civil, Penal) alterados ou substituídos na sua sequência. No campo do Direito do Trabalho, em que a política da União Europeia em matéria de igualdade se tem concentrado – em parte por causa da redacção originária do art. 119.º do Tratado de Roma, mas muito mais pela vontade "política" subsequente e pelos desenvolvimentos talvez inesperados da jurisprudência do Tribunal das Comunidades – foram publicadas sucessivas leis, desde 1979 e 1984 (igualdade no trabalho e no emprego, função pública) até à publicação do Código do Trabalho[70], em 2003. A protecção da maternidade (e, a partir de certa altura, da paternidade), o planeamento familiar e a educação sexual foram também, entre várias outras questões, legalmente regulados. A "violência doméstica", em especial os maus tratos conjugais, foi objecto de várias medidas legislativas – algumas delas contidas na Lei que contem o texto da XXIII Revisão do Código Penal[71].

---

a esta última colectânea, depois de afirmar que a mesma vem destruir o mito de que não há litigação por discriminação em função do sexo em Portugal, salienta:

"Mas a recolha vem (...) confirmar que (...) na larguíssima maioria dos casos, os tribunais no nossso país não apreciaram as situações que lhes foram submetidas num contexto de discriminação directa ou indirecta em função do género; não invocaram, não interpretaram nem aplicaram a lei da igualdade, ignoraram e dispensaram o contributo da CITE (...); não recorreram ao direito comunitário, tornando, na prática, irrelevantes directivas e jurisprudência; não reconhceram as infracções à igualdade entre homens e mulheres como violações de direitos humanos".

[70] Lei n.º 99/2003, de 27 de Agosto, revogada pela Lei n.º 7/2009, de 12 de Fevereiro.

[71] Na redacção de 2007, o Código passa a conter a expressão "violência doméstica", na epígrafe do art. 152.º. Os maus-tratos de outra natureza e as violações de regras de segurança são tipificados em disposições autónomas (arts 152.º-A e 152.º-B). Cf. BELEZA, Teresa Pizarro (2008), "Violência doméstica", in *Jornadas sobre a Revisão do Código Penal (Setembro 2007): Estudos*, n.º 8, 1.º semestre de 2008, Lisboa: Centro de Estudos Judiciários.

Como o esforço inicial foi no sentido de eliminar normas discriminatórias, o objectivo pareceu ser a neutralização dos comandos legais. E assim veio progressivamente a acontecer – no Código Penal, no Código Civil – até que a percepção ainda incipiente de que a "neutralidade" seguia um padrão masculino levou, em alguns campos, a arrepiar caminho. Algumas revisões constitucionais, em especial a de 1997, e diplomas como o que oferece protecção às mulheres vítimas de violência (Lei n.º 61/91, de 13 de Agosto) são bons exemplos desta mudança de direcção.

Para além da verificação relativamente elementar de que a igualdade declarada e até promovida na lei encontra inúmeros obstáculos na sua aplicação prática, há no entanto todo um outro mundo de questões que só pode ser compreendido – em rigor: *pensado* – se o paradigma em que raciocinamos se alterar ao ponto de colocar as mulheres (ou a categoria socio-discursiva de *género*) no centro da indagação jurídica, por um lado. Mas também se formos capazes de ver que, se o Direito não controla definitiva ou isoladamente a vida social e os seus valores, também se não limita, ao contrário do que se afirma com frequência, a plasmar em letra de lei as concepções socialmente dominantes ou tidas como tal. O Direito – as leis, a jurisprudência, as práticas jurídicas de variados níveis – tem (teve, historicamente) um papel *constitutivo* importante na produção discursiva de uma hierarquia entre pessoas: homens/mulheres (como em relação a outras dicotomias: "brancos" e "negros", senhores e escravos, colonizadores e colonizados, "primitivos" e "civilizados").

Inversamente, o Direito pode – deve, por *responsabilidade histórica* – ajudar a desfazer essas hierarquias, não só proibindo tratamentos discriminatórios inferiorizantes, mas sobretudo obrigando as devidas instâncias a tomar medidas que contrariem a real situação de inferioridade social ou de sujeição ou desamparo de algumas pessoas: sejam elas a introdução de "quotas" para a participação política das mulheres ou dos imigrantes, a abertura de casas de abrigo para vítimas de violência conjugal, a ajuda directa ou indirecta às pessoas cuja idade ou deficiência torna a satisfação de necessidades básicas problemática, ou, no plano mais directamente relacionado com a questão económica, a promoção de atribuição de bolsas de estudo a alunos mais carenciados.

Mas além destas verificações, é possível discorrer sobre o tema "mulheres e Direito" de uma forma que permite verificar que a categorização da *mulher* por oposição e como "excepção" à norma que é o homem – teorizada na nossa contemporaneidade em primeira linha por SIMONE BEAUVOIR, em *Le Deuxième* Sexe, publicado em 1949[72] – também foi (e é) levada a cabo pelo discurso jurídico. As normas de Direito Penal[73], sobretudo no que diz respeito à regulação jurídica da sexualidade, são um campo de eleição para este tipo de exercício. Outras áreas evidentes serão o Direito da Família, o Direito do Trabalho – além, é claro, do Direito Constitucional. Mesmo na fase em que o Direito dos Estados democráticos de tipo ocidental proíbe as discriminações em função do sexo e avança com medidas correctivas ditas de acção positiva, o paradigma que se centra na mulher como *desvio* do homem e na igualdade como tendo por objectivo *equiparar a mulher ao homem* é tenaz e parece inamovível.

Há razões históricas evidentes para que isso aconteça. As mulheres foram tradicionalmente vistas como *o outro* e foi também assim que o Direito as construiu e as submeteu aos homens. Mas esta impossível equiparação, além de ser sinal da também inamovível obsessão com a diferenciação das pessoas em dois campos irredutíveis (homens/mulheres), esbarra de forma flagrante com a impossibilidade de aplicar o método *comparacionista* em muitos campos da vida das mulheres. O mais óbvio é talvez o que diz respeito a gravidez, maternidade e direitos reprodutivos em geral.

---

[72] BEAUVOIR, Simone de (2001), *Le Deuxième Sexe*, vol. I, reimp. da ed. de 1976, Paris: Éditions Gallimard.

[73] *Vide* LARRAURI, Elena (1994) (coord.), *Mujeres, Derecho Penal y Criminología*, Madrid: Siglo XXI de España Editores, e LARRAURI, Elena, *s.d.*, *La Mujer Ante el Derecho Penal*, disponível em www.pensamientopenal.com.ar, que foi consultado em 28 de Novembro de 2007. Cf. ainda BELEZA, Teresa Pizarro (1993), *Mulheres, Direito e Crime ou a Perplexidade de Cassandra*, Lisboa: Associação Académica da Faculdade de Direito de Lisboa.

4. Alguns conceitos e algumas questões: "sexo" e "género"

Uso neste texto com frequência estes dois conceitos, "sexo" e "género", inevitavelmente centrais numa disciplina que versa o Direito das Mulheres. Nenhum deles é isento de problemas ou questões.

Na distinção mais usual entre sexo e género, sexo é um conceito referido à Biologia, descrito como qualidade *natural* conotada com uma forma de reprodução sexuada, própria de muitas espécies de seres vivos. Na espécie humana, distingue os homens das mulheres, sendo qualquer ambiguidade ou indefinição neste campo considerada do foro patológico – com alguma contestação científica recente, designadamente no campo da descrição clínica e da discussão da legitimidade de intervenção cirúrgica na infância no caso dos chamados *intersexuados*[74].

Contraposto a "sexo", o conceito de "género", palavra cujo uso se expandiu neste contexto em anos recentes por influência da sociologia anglófona, corresponderia à construção social e cultural, historicamente contingente (e por isso mesmo susceptível de alteração) de formas de comportamento e de identidade que são atribuídas como apropriadas a pessoas de cada um dos dois sexos reconhecidos pelo Direito[75].

O género pode ser descrito como uma característica das pessoas (ainda que *cultural* e não *biológica*), como um sistema de relacionamento social que vai buscar chão definitório ao "pretexto" sexual (biológico), ou ainda acentuando o seu traço de representação simbólica de dominação ("desigualdade").

---

[74] Ver, por exemplo, o número temático da revista médica *The Journal of Clinical Ethics*, vol. 9, N.º 4, "Special Issue: Intersexuality", Winter 1998.

[75] Referência clássica da contestação da divisão da humanidade em (apenas) dois sexos é o texto da bióloga ANNE FAUTO-STERLING, "The Five Sexes. Why Male and Female Are Not Enough", publicado na revista *The Sciences*, Março-Abril 1993. Ver também "The Five Sexes, Revisited. The Varieities of Sex Will Test Medical Values and Social Norms", da mesma autora, em *The Sciences*, Julho-Agosto 2000.

Nas palavras sugestivas do filósofo Fernando Belo,

"... o género apresenta-se historicamente, em todas as sociedades conhecidas, de forma não simétrica, como um dispositivo hierárquico de dominação das mulheres pelos homens."[76]

Os *Gender Studies* e em especial os desenvolvimentos da chamada *Queer Theory* têm problematizado de formas muitas vezes fascinantes a concepção e a utilização da palavra e do conceito de *género*[77].

No campo das discussões sobre a relevância de uma abordagem pós-moderna deste conceito, destaca-se de entre muitas a obra de Judith Butler, assim como a crítica feroz que lhe foi dirigida pela filósofa Martha Nussbaum, que no *New Republic* parodia a obra da autora de *Gender Trouble*, num eloquente e sugestivo artigo intitulado *The Professor of Parody*[78].

Não entrando aqui na discussão pormenorizada da questão nesses planos, é no entanto essencial assinalar que a própria distinção clara e nítida entre sexo e género e a utilização da ideia de género como uma característica própria de seres, que os dividiria em grupos estanques e pré-determinados, está longe de ser uma questão pacífica, mesmo fora das discussões mais sofisticadas (pelo menos, aparentemente) como a que se coloca na produção literária de J. Butler e seus discípulos.

Na verdade, por um lado, o género é um conceito eminentemente *relacional*. Por isso mesmo, prefiro utilizar a expressão *relações de género* a falar nos (dois) géneros como qualquer coisa de

---

[76] Belo, Fernando (1995), p. 251.

[77] Cf. o número temático da *Revista Crítica de Ciências Sociais*, n.º 76 (Dezembro de 2006), dedicado aos Estudos *queer*.

[78] Nussbaum, Martha (1999), *The Professor of Parody*, em www.tnr.index.mhtml ("TheNewRepublic.com"), consultado em 3 de Setembro de 2007.

pré-existente, objectiva e pré-determinada, fora do(s) nosso(s) olhar(es) e discurso(s). Por isso mesmo também, não faz para mim sentido prefigurar o género como qualquer coisa de estático e inerente a determinado ser, mas antes como uma caracterização instável e em constante alteração que se determina por contraposição ao seu oposto ou correspondente, também ele próprio não fixo mas moldável e susceptível de mudança.

Nada disto, em meu entender, inviabiliza o estudo das questões ligadas ao género, ou o estudo do Direito das Mulheres (ou, em geral, os Estudos sobre as Mulheres). O facto de se compreender que a *identidade de género* é construída, relacional, e até mutável, em nada compromete o projecto científico de investigar como os discursos científicos e normativos – entre eles, por excelência, o Direito – construíram, em muitos formatos e variações históricas e geográficas, sistemas de organização social que no plano simbólico e efectivo de domínio dividem os seres humanos em dois grandes grupos, ainda que descontínuos ou fragmentários: os homens e as mulheres. Nada é universal também neste campo, excepto uma aparente continuidade na desvalorização das actividades e traços associados ao feminino, por contraposição ao masculino.

Por outro lado, importa ainda acentuar que a convicção de que existe uma distinção clara e rigorosa entre sexo e género é, no mínimo, problemática. E isto porque a contraposição de fundo em que a distinção se baseia – reconduzível à contraposição Natureza//Cultura – pressupõe que existe uma coisa chamada sexo (ou pessoas do sexo masculino e feminino) anterior e independente da nossa observação e catalogação desse fenómeno, independent do nosso olhar e da nossa conceptualização e linguagem. Ora a catalogação das pessoas em dois (ou mais) sexos é evidentemente, como todo o empreendimento científico, um processo aleatório, dependente da intervenção humana, neste sentido inevitavelmente imbuído de sentido cultural. A Biologia não existe, não fala nem pensa coisa nenhuma sem o observador/criador/catalogador humano. Tratando--se ainda por cima de uma característica biológica com tamanha relevância social como é o sexo – e psicológica, mesmo no plano individual, por interiorização ou rejeição das expectativas nela socialmente fundadas – é algo ingénuo, parece-me, querer contrapor qualquer coisa que existiria fora do olhar e da catalogação humana (o sexo) a uma outra coisa que seria produto da nossa cultura, enquanto ciência e enquanto convivência. Na verdade, sexo e género influenciam-se mutuamente nas nossas concepções e a sua distinção é, na melhor das hipóteses, tendencial.

5. Biologia e fenomenologia

Assim como em outros campos de estudo e investigação, também no âmbito do Direito, dos estudos jurídicos, a perspectiva feminista legitima o recurso à experiência pessoal como ponto de partida da investigação. As experiências vividas pelas mulheres são, aliás, fonte decisiva para a inspiração e a contestação em que quaisquer estudos de cariz feminista quase inevitavelmente se apoiam. Esta verificação, que hoje nas Ciências Sociais teria possivelmente algo de truísmo, ainda pode parecer iconoclasta no Direito, supostamente ciência objectiva e não influenciada por pontos de vista. Uma das verificações elementares no empreendimento científico em geral, e em particular no Direito, é que o ponto de vista "masculino" – ou seja, dos homens que foram tradicionalmente os seus únicos cultores –foi com sucesso imposto como um ponto de vista objectivo e neutro, isto é, um "não ponto de vista", uma ausência de *standpoint*.

Por outro lado, a ideia de que a experiência das mulheres é um dos pontos de partida epistemologicamente legítimos para o empreendimento crítico que toda a indagação feminista começa por ser pode ser confundida com uma ideia de essencialismo biologizante do feminino, de "mulher". Como tentei explicar, nada mais longe das minhas convicções. Nada mais longe, sobretudo, de uma perspectiva realista sobre o fenómeno da dominação sexualizada, ou do sistema desigual das relações sociais de género.

Uma das mais antigas "palavras de ordem" do Feminismo foi a da libertação da biologia, num duplo sentido: naquele que implica contestar a conceptualização das mulheres como seres biológica e inevitavelmente determinados de uma certa maneira (e aqui se poderiam inserir todas as variantes do *"on ne naît pas femme, on le devient"* Beauvoiriano). E ainda no sentido de encontrar formas – sociais, económicas, científicas, jurídicas – de libertação da necessidade biológica, que nas mulheres podem ser por exemplo os problemas inerentes à sua fertilidade, o controlo da sua capacidade de dar a vida, a descoberta de processos mais "naturais" ou mais "artificiais" de minorar o sofrimento do parto ou da menstruação, ou resolver outras questões a isso ligadas.

Há correntes feministas que invocam a diferenciação biológica para basear – ainda que através de mediações culturais de diversa ordem – uma irredutibilidade dos dois sexos social e legalmente reconhecidos. É o caso de algumas versões dentro do chamado Feminismo Radical. Mas é também uma posição científica e política relativamente comum, em parte porque a problematização dessa divisão da humanidade parece comprometer a possibilidade de acção em favor da igualdade, ou em favor das mulheres, consoante o contexto do discurso.

Exemplo evidente desta maneira de ver é a seguinte declaração, contida na página oficial da CIDM (hoje CIG):

"As pessoas não são neutras. São homens e são mulheres. E foi isso que o direito, em Portugal e na União Europeia, passou a reconhecer. Torna-se agora mais claro para os operadores jurídicos que são os sujeitos de direito sexuados – as mulheres e os homens – que podem sofrer discriminações baseadas na cor, na religião, na deficiência, na origem social etc. As desigualdades em função do sexo não podem ser erradicadas tratando o sexo exclusivamente como uma variável indiferenciada – ao mesmo nível que a cor, a religião, a deficiência, a origem social – que apenas tivesse que ser abolida para se alcançar uma igualdade abstracta entre sujeitos de direito assexuados. Esta aproximação ignora a importância para o

objectivo pretendido, da atribuição pela sociedade a mulheres e a homens, de "papéis sociais específicos", de "papéis de género", na base de diferenças biológicas de sexo. E, consequentemente, ignora também que tais "papéis sociais específicos" implicam a divisão entre mulheres e homens, do trabalho, das tarefas, dos recursos e dos poderes, uma divisão a cujos elementos corresponde valor e reconhecimento social desiguais, e que por ser construída, mantida e reproduzida pela sociedade, constitui por si só fonte de desigualdade estrutural e permanente."[79]

Creio que a resposta dada há já vinte anos pela historiadora DENISE RILEY, na sua obra *Am I That Name*[80], título retirado de uma cena de *Othello* de Shakespeare, é esclarecedora. A análise académica e até a militância social e política não pode, em meu entender, deixar de compreender não só o carácter construído e instável da divisão das pessoas em homens e mulheres, mas também o papel activamente produtor de desigualdade e domínio que vai adentro dessa bipolarização da humanidade. É evidente (para mim) que não se trata "simplesmente" de abolir a existência social e legal de género(s). Como também a divisão desigual da riqueza não é susceptível de ser desmaterializada nos seus efeitos por qualquer invenção legislativa ou política. A divisão entre homens e mulheres é tão real e tão problemática como a divisão entre pobres e ricos. O problema é que se nos fixamos na convicção de que as pessoas *são* homens e mulheres e, *depois*, há que abolir as desigualdades entre elas, entre esses dois grupos pré-formatados, perdemos a noção do papel constitutivo nessa mesma desigualdade da divisão em si. E do carácter problemático da bipolarização dos seres humanos, que existem numa continuidade de traços e características que só

---

[79] Em http://www.cidm.pt/?TopLevelID=19, consultada em 5 de Novembro de 2006.

[80] RILEY, Denise (1989), *Am I That Name? Feminism and the Category of Women in History*, Minnesota: University of Minnesota Press.

artificialmente podem ser arrumados em dois grupos estanques – recentemente, essa estanquicidade começou a ser posta em causa, com o reconhecimento jurídico nacional e internacional da possibilidade da mudança oficial de sexo, ou de género em algumas línguas e sistemas[81]. Mas muito destas mudanças é, em si mesmo, problematizador da necessidade social e jurídica da pertença inequívoca a um dos sexos reconhecidos. Permitir social e juridicamente a *mudança de sexo* é ainda insistir na divisão inevitável da humanidade nesses dois campos. É claro que a necessidade psicologicamente sentida pelas pessoas que pretendem uma mudança de sexo é compreensível e o seu sofrimento real, mas é justamente a inaceitabilidade da ambiguidade sexual, larguissimamente dominante, que ajuda a explicar essa necessidade de *pertença a um sexo.*

Essa necessidade vista como natural, mas já não imutável, de pertença, distinção e clareza dos dois sexos reconhecidos continua a ter uma conotação física, biológica e psicológica que têm evidente eco no senso comum. "Os homens e as mulheres são (naturalmente) diferentes" é talvez a frase que mais frequentemente encontro escrita nos testes de avaliação na disciplina de Direito das Mulheres. A continuidade de traços físicos e psicológicos na espécie humana e a possibilidade de total dissociação entre eles, por um lado, e a possibilidade de pensar nas pessoas de forma independente da sua pertença a um sexo esbarra com as *evidências do senso comum* e a catalogação jurídica[82].

---

[81] Sobre o *Gender Act* britânico, *vide* SHARPE, Andrew N. (2007), "Endless Sex: The Gender Recognition Act 2004 and the Persistence of a Legal Category", *Feminist Legal Studies*, 15. Sobre os direitos dos intersexuados e dos transexuais, cf. BEN-ASHER, Noa (2006), "The Necessity of Sex Change: A Struggle for Intersex and Transsex Liberties", *Harvard Journal of Law and Gender*, vol. 29.

[82] Um exemplo curioso de uma aula de DMIS: quando eu tentava explicar a artificialidade da distinção das pessoas conforme a raça, uma aluna observou, depois de afirmar a sua crença na "igualdade de direitos", que "a prova de que os pretos (*sic*) são *diferentes* dos brancos é que correm mais depressa". A obsessão

Rejeitando qualquer concepção simplisticamente biologizante, penso no entanto que a necessidade de contestar as "descobertas" da Biologia sobre as mulheres (um poderosíssimo discurso de criação da sua identidade, com o apogeu oitocentista do deslumbramento perante as "certezas" científicas de então) levou a uma curiosa "masculinização" do corpo feminino, tentando diluir qualquer questão fisiológica em investimentos ideológicos ou culturais de uma forma que me parece profundamente incorrecta. Em vez de se questionar a biologização do comportamento feminino *como forma de constituição da identidade feminina por contraposição aos homens* (e nunca o inverso) pretendeu-se eliminar o que era visto como "especialidade", "originalidade" feminina sem se perceber que se estava a legitimar o modelo masculino (por acaso, o modelo correspondente às pessoas que formam a minoria da população).

E com isto se esqueceu também que o facto de se entender – como me parece correcto – que a Biologia por si só nada explica, nada pensa, nada conceptualiza, mas apenas o seu investimento como fenómeno do espírito, a sua colocação como "capital simbólico" não significa que a vivência concreta das pessoas não lhe atribua permanentemente uma determinada identidade, ou, em rigor, uma pluralidade de identidades (mulher, velha, negra, deficiente, pobre, imigrante... estas duas últimas categorias já foram vistas como algo de muito próximo de "biológicas", nas teorias da degenerescência do darwinismo social do séc. XIX).

É bom de ver que os exemplos se caracterizam por uma conotação que é, na nossa tradição cultural dominante, de carácter

---

com a diferença é notória mesmo nos contextos em que se percebe uma preocupação crítica evidente. É raro que uma relação de amor entre pessoas de etnia diversa seja mostrada no cinema (ou na ficção, em geral) sem que isso mesmo – a diferença racial – seja o centro da história. Por isso o filme "O Guarda Costas", de MICK JACKSON, USA, 1992, foi comentado nesse sentido, pela relação *natural* entre as personagens protagonizadas por KEVIN COSTNER e WHITNEY HOUSTON. Cf. *The Bodyguard* (MICK JACKSON, 1992) in *The Internet Movie Database*, www.imdb.com.

negativo. Não se trata, obviamente, de um acaso. É que os discursos de produção da identidade giram em torno de *dicotomias hierarquizadas* que estruturam o nosso pensamento, a nossa maneira de ver e conceptualizar o mundo e a maneira de nos vermos a nós próprios e a nós próprias.

No processo de negociação permanente que é o da criação da nossa identidade, a nossa auto-identificação como, por exemplo, homens ou mulheres está inevitavelmente condicionada pela nossa interiorização ou rejeição crítica das expectativas sociais, morais, jurídicas quanto ao nosso comportamento – e disto faz parte, em boa medida, a banalização pelo senso comum das "directivas" científicas, morais ou jurídicas de um determinado momento e local ou de um qualquer cruzamento dessas e de outras coordenadas. Assim sendo, já poderá não parecer tão estranho que eu defenda que a experiência fenomenologicamente feminina deve ser tomada em consideração na análise, crítica e eventual reconstrução das leis, da jurisprudência e da dogmática jurídica[83].

Exemplos evidentes desse caminho são as alterações da lei penal no que diz respeito ao crime de violação e ao crime de maus-tratos, agora (revisão de 2007) baptizado de "violência doméstica".

Ponto é que desde logo se não confunda "fenomenologia" com "biologia". E se entenda que, por outro lado, estas duas coisas se entrelaçam no nosso entendimento como ramos de árvores próximas, que embora originários de troncos diferentes se tornam, à vista "desarmada", difíceis de distinguir.

O que eu quero dizer com a expressão "experiência fenomenologicamente feminina" é algo totalmente diferente de uma essência

---

[83] Uma primeira tentativa de argumentação e desenvolvimento neste sentido, concentrada sobretudo no campo do Direito Penal, pode ser vista no meu texto de 1991 sobre "Legítima Defesa e Género Feminino: Paradoxos da 'Feminist Jurisprudence'", *Revista Crítica de Ciências Sociais*, n.º 31 (Março de 1991), pp. 143-159" e depois na minha dissertação de doutoramento, publicada em 1993, *Mulheres, Direito e Crime ou a Perplexidade de Cassandra*, Lisboa: Associação Académica da Faculdade de Direito de Lisboa.

biológica, determinante, natural, imutável. A *experiência de vida* das mulheres – de que faz parte a auto e hetero- consideração como tais, isto é, a sua *identificação* como mulheres – inclui actos, situações, agressões, "problemas" que frequentemente a lei não contempla de um ponto de vista interno e autónomo.

A lei, a doutrina, a teoria jurídicas foram até há muito pouco tempo elaboradas exclusivamente por homens[84]. Nada mais natural do que a marca de isso mesmo: as agressões, os interesses são desenhados de um ponto de vista masculino, o que não quer dizer "pessoas de sexo – biológico – masculino", mas pessoas que têm *uma vivência social permitida e incentivada às pessoas do sexo masculino*, o que é uma coisa diferente. Isto deixando, evidentemente, outras variáveis na sombra, como classe social, raça, preferências sexuais. Também destes pontos de vista as características dos juristas foram claramente selectivas e por isso no plano social a sua legitimidade representativa também problemática.

6. O carácter problemático do conceito "mulher(es)"

Não são apenas os conceitos de sexo e género que são susceptíveis de gerarem discussão, perplexidades e problemas. As teorias feministas – ou talvez melhor dizendo, parte delas – têm enfrentado em múltiplas formas o problema de saber se existe algo de que se possa falar (ou sobre o qual se possa escrever) que responda pelo nome de "mulher(es)". O próprio uso da palavra no singular denota um pensamento de tipo essencialista, comum em variados grandiloquentes discursos tipicamente de homens sobre "A Mulher", frequentemente pseudo-elogios que na prática se traduzem no rebaixamento existencial e moral que ADORNO retrata magnificamente no fragmento dos *Minima Moralia* em que refere a feminilidade

---

[84] MACKINNON, Catharine (2005) *Women's Lives. Men's Laws*, Cambridge and London: The Belknap Press of Harvard University Press.

como produto da imaginação masculina, *the scar of social mutilation*[85].

A variação da experiência pessoal e da vivência social em termos de classe, idade, origem étnica, posição social e económica, zona do mundo em que se habita, é tal, que o risco de reificação, de ilusão, contido ou potenciado na unificação de todas as mulheres numa categoria unitária é imenso. Não é difícil compreender que, por evidentes que sejam as discriminações em função do sexo, há um outro abismo, muitas vezes mais profundo, que separa os seres humanos consoante a origem geográfica e a classe social de origem, que determinam largamente as expectativas de vida e de fortuna. Para além, é claro, de outros factores como a idade, a capacidade física, a pertença cultural e étnica – todas as coisas que as mais variadas instâncias nacionais e internacionais reconhecem como sendo ainda poderosos factores de discriminação[86].

7. Essências e hierarquias

A divisão entre homens e mulheres será tão arbitrária e discutível como a divisão entre negros, brancos, caucasianos, asiáticos, o que seja? A notória ubiquidade da consciência social da *diferença*

---

[85] ADORNO, Theodor (1989), *Minima Moralia* (5.ª ed. da versão inglesa, traduzida da versão alemã de 1951), Londres: Verso; fragmento 59, p. 95.

[86] Dois exemplos: o sítio da FRA (Fundamental Rights Agency) da União Europeia, que depois de várias controvérsias foi essencialmente moldada como uma sucessora do Observatório Europeu sobre Racismo e Xenofobia. O primeiro Relatório que produziu está *online* (www.http://eumceuropa.eu/fra, consultado em 21 de Outubro de 2007). E os comentários inseridos na página do Parlamento Europeu, a propósito da integração no Direito Britânico da Directiva da União sobre a não discriminação em função da idade, "*Ageism is the last great discrimination in our society to go unconfronted*", nas palavras de RICHARD HOWITT, membro do Comité de Emprego e Assuntos Sociais do Parlamento Europeu.

impede-nos de "desconfiar" da naturalidade com que muita gente – e a instância jurídica, nas suas várias manifestações – parece encarar a diferenciação sexual? A divisão do mundo entre homens e mulheres não traz consigo, inevitavelmente, uma ideia e uma prática de hierarquia? A Antropologia assinalou uma universalidade dessa hierarquia, ainda que em termos muitíssimo variáveis.

Por outro lado, essa unificação de alguma forma parece aceitar uma qualquer essência co-natural às mulheres (qualquer coisa que na sua versão poética pode ser designado como o "Eterno Feminino", de, entre outros, GOETHE e LISZT), que as aprisiona num destino naturalisticamente determinado – o que não aconteceria aos homens.

Esta "armadilha", dita frequentemente do "essencialismo" na teoria feminista, só pode ser enfrentada se a análise que fizermos for pensada na perspectiva da diversidade das existências, necessidades, problemas das mulheres reais, mantendo na consciência que, não obstante essa diversidade, há certos traços comuns que atravessam classes e culturas, estádios de desenvolvimento e outras variáveis. O fundamental desses traços é uma situação de subordinação aos homens, que na teoria feminista é usual chamar-se *patriarcado* pelo menos desde KATE Millet[87]. Uma perspectiva radical que, na versão do séc. XX, que pode datar-se do início dos anos setenta[88], centraliza inovadora e *provocatoriamente* (no plano intelectual) a oposição social e política não nas classes sociais (à maneira de MARX), mas no confronto entre os sexos masculino e feminino. Na perspectiva jurídica, a mais complexa e interessante versão desta ideia encontra-se na obra de Catharine MACKINNON[89].

---

[87] Cf. MILLET, Kate (1977), *Sexual Politics* (ed. original de 1970), Londres: Virago. *Vide* também GREEN, Karen (1995) *The Woman of Reason. Feminism, Humanism and Political Thought*, Cambridge: Polity Press e OKIN, Susan Moller (1979), *Women in Western Political Thought*, Princeton: Princeton University Press.

[88] FIRESTONE, Shulamith (1970), *The Dialectic of Sex, The Case for Feminist Revolution*, New York: William Morrow and Company.

[89] Cf. MACKINNON, Catharine A. (1982), "Feminism, Marxism, Method and the State: An Agenda for Theory", *Signs*, Vol. 7, n.º 3; MACKINNON, Catharine A.

8. A invenção da feminilidade

Talvez o texto mais impressionante que eu conheça sobre a produção – a *invenção* – da "feminilidade", descrita como "cicatriz de mutilação social", imagem brutal mas profundamente lúcida, seja o seguinte fragmento de THEODOR ADORNO, nos *Minima Moralia*, publicados em 1951:

> "*The feminine character, and the ideal of femininity on which it is modelled, are products of masculine society. The image of undistorted nature arises only in distortion, as its opposite. Where it claims to be humane, masculine society imperiously breeds in woman its own corrective, and shows itself through this limitation implacably the master. The feminine character is a negative imprint of domination. But therefore equally bad. Whatever is in this context of bourgeois delusion called nature, is merely the scar of social mutilation.*"[90]

Também JOHN STUART MILL escreveu, com rara percepção para o tempo em que o fazia (1869, em plena Inglaterra Vitoriana):

> "*What is now called the nature of women is an eminently artificial thing – the result of forced repression in some directions,*

(1983), "Feminism, Marxism, Method and the State: Towards Feminist Jurisprudence", *Signs*, Vol. 8, n.º 4; MACKINNON, Catharine A. (1987), *Feminism Unmodified – Discourses on Life and Law,* Cambridge: Harvard University Press; MACKINNON, Catharine A. (1989), *Towards a Feminist Theory of State*, Boston: Harvard University Press; MACKINNON, Catharine A. (2001), *Sex Equality. Rape Law,* New York: Foundation Press; MACKINNON, Catharine A. (2005) *Women's Lives. Men's Laws*, Cambridge, Mass. and London: The Belknap Press of Harvard University Press; MACKINNON, Catharine A. (2007), *Sex Equality*, 2.ª ed., New York: Foundation Press; MACKINNON, Catharine A., e SIEGEL, Reva B. (2004) (coord.), *Directions in Sexual Harrassment Law*, Yale: Yale University.

[90] ADORNO, Theodor (1989), fragmento 59, p. 95.

unnatural stimulation in others. It may be asserted without scruple, that no other class of dependants have had their character so entirely distorted from its natural proportions by their relation with their masters..."[91]

O que é comum a estes dois textos é não só a consciência aguda da *artificialidade* daquilo a que se costuma chamar a "natureza feminina", mas também a sua caracterização como decorrência de um processo de submissão, de *domínio*.

Em Portugal, o texto mais relevante neste contexto – o da crítica ao conceito de "natureza feminina", explicitando o carácter social dessa construção e da sua percepção – é porventura o de LÍGIA AMÂNCIO, sobre a *construção social da diferença*[92]. E no Direito, na perspectiva histórica, os de ANTÓNIO MANUEL HESPANHA[93].

O Direito contribuiu – contribui ainda, aliás – poderosamente para a divisão das pessoas em dois sexos, fomentando e em larga medida comandando a formação das relações sociais de género.

Mas, na verdade, a própria instância jurídica, ao contrário do que se possa à primeira análise pensar, não produziu um único conceito de mulher, definido e não problemático. Embora muito do discurso legal e jurisprudencial se exprima como se isso assim fosse, na verdade o conceito de "mulher" no Direito está longe de ser unitário ou linear.

Desde logo se repare que o Direito contemporâneo pressupõe que seja coisa clara e óbvia o que seja "mulher" (ou "homem"). Mas em parte alguma dos seus Códigos o define, o que não deixa de ser curioso. Ao que sei, na nossa contemporaneidade a primeira vez que os nossos tribunais tiveram de enfrentar o problema foi em

---

[91] MILL, John Stuart (1970), p. 148.

[92] Cf., AMÂNCIO, Lígia (1998), *Masculino e Feminino. A Construção Social da Diferença*, 2.ª ed. (1.ª ed.: 1994), Porto: Edições Afrontamento.

[93] Cf. HESPANHA, António Manuel (2007), *O Caleidoscópio do Direito. O Direito e a Justiça nos Dias e no Mundo de Hoje*, Coimbra: Almedina, pp. 234 e ss.

casos de transexualidade, em que se discute, tipicamente, a possibilidade de uma mudança *jurídica* de sexo em relação àquele com que se nasceu e se foi registado[94].

O Direito só reconhece dois sexos – o feminino e o masculino – e numerosas normas pressupõem uma clara distinção e separação entre ambos: desde logo, a norma do Código de Registo Civil que proíbe que uma criança seja nomeada com um nome sexualmente ambíguo (um rapaz poderá chamar-se João Maria e uma rapariga Maria João; mas nunca o contrário)[95]. As normas sobre casamento, filiação, relações familiares em geral e ainda algumas normas de Direito Penal (cada vez menos), algumas normas de Direito laboral pressupõem um conceito pré-definido de "mulher" (e de "homem"). A própria Constituição usa as palavras mulheres e homens, chegando a referir a participação política "separada" no art. 109.º (revisão constitucional de 1997).

DENISE RILEY, historiadora inglesa, descreve, na obra já citada, a forma como historicamente as mulheres *não* constituiram uma categoria estável e unitária, antes foram agrupadas, divididas, reagrupadas e arrumadas consoante o contexto e o objectivo do discurso.

O Direito português distinguiu tradicionalmente entre as mulheres consoante a sua pertença familiar e social – ou até étnica, no Direito antigo. Entre a segunda metade do séc. XIX e a segunda metade do séc. XX (Código Civil de 1867 e Código Civil de 1966) essa distinção cristalizou-se em letra de lei de uma forma paradoxalmente "moderna", isto é, regulada e arrumada em normas claras,

---

[94] BELEZA, Teresa Pizarro (1993), pp. 521 e ss.
[95] Cf. o art. 103.º, n.º 2, al. a) do Código do Registo Civil, aprovado pelo Decreto-Lei n.º 131/95, de 6 de Junho, onde se determina que "Os nomes próprios devem ser portugueses, de entre os constantes na onomástica nacional ou adaptados, gráfica e foneticamente, não devendo suscitar dúvidas sobre o sexo do registando". De igual modo a Lei n.º 7/2007, de 5 de Fevereiro, que cria o cartão de cidadão e rege a sua emissão e utilização, determina, no art. 11.º, que "A indicação do sexo é inscrita no cartão de cidadão pelas iniciais 'M' ou 'F' consoante o titular seja do sexo masculino ou feminino".

gerais e "abstractas". Refiro-me neste contexto a distinções formalmente reconhecidas, porque em termos informais, substanciais, a distinção é ainda hoje susceptível de ser observada numa perspectiva empírica das práticas jurídicas[96].

Assim se pode ver na jurisprudência do Supremo Tribunal de Justiça, que em 1954, decidia que:

" ... *a violação de uma mulher de quem todos se servem é, sem a menor dúvida, de muito menor gravidade do que a de uma mulher recatada e honesta...*"[97]

e entendia tão recentemente como em 1987 que:

"*se é muito cuidadoso quanto ao passado sexual da mulher com quem se casa...*"[98]

Ecoa aqui, algo anacronicamente, a "velha" distinção juridico-formal entre mulheres "sérias" e não "sérias", como as *viúvas* honestas das Ordenações do Reino ou as *barregãs* (que por sua vez teriam estatutos diferentes consoante fossem *"barregãs de clérigos"* ou de outros homens...). Mas ecoam também as disposições expressas e legais do Código Civil de 1966, segundo as quais um contrato de

---

[96] "En suma. Estamos delante de una estructura muy durable de comprensión del femenino, cogida de textos de las tradiciones filosófica clásica y religiosa judio-cristiana. Que el derecho incorporó en textos muy visibles y que reproduce y desarrolla durante siglos, desplegándola en normas, dichos, preceptos y interdicciones. *Callada la justificación doctrinal, por incómoda, mucha de esta estructura sigue viva hoy, siguiendo en su labor de marcar y discriminar.* En este sentido, oír las razones de los juristas y teólogos modernos, es, para nosotros, como acostarse en el diván del psicoanalista." Cf. HESPANHA, António Manuel (2001), p. 14. Itálico meu.

[97] Acórdão de 7 de Abril de 1954, in Boletim do Ministério da Justiça (BMJ), n.º 42, pp. 92-95.

[98] Acórdão de 11 de Março de 1987, *in BMJ*, n.º 365, pp. 405.

casamento podia ser anulado por erro na formação da vontade se a noiva não fosse virgem e o noivo ignorasse tal, para ele, essencial circunstância. Ou as normas do Código Penal sobre estupro, virgindade, rapto e casamento. A forma como o Código Penal regulava estas matérias e a aplicação que dos seus preceitos foi feita pelos nossos tribunais implicam uma valoração altamente diferenciada das mulheres consoante a sua nubilidade ou "seriedade" (leia-se, comportamento no plano sexual)[99].

Um exemplo mais recente: em nome da igualdade, ou da não discriminação, a idade de reforma das mulheres foi, em Portugal, nos anos oitenta, equiparada à dos homens, fora da Função Pública (onde era já idêntica). Mas em 1998, uma Lei da Assembleia da República (Lei nº 14/98, de 20 de Março[100]) estabeleceu, no art. 1.º, que:

"O direito à pensão de velhice do regime da segurança social das bordadeiras (...) na Madeira efectiva-se aos 60 anos".

Está certamente em causa o justíssimo reconhecimento de uma situação de profissão de *desgaste rápido*, como é usual dizer-se noutros contextos (*vg* para atletas de alta competição, para efeitos fiscais). Mas bons argumentos existem para problematizar a não existência de diferença quanto à idade da reforma, em geral, entre homens e mulheres. O mesmo se diga quanto às pensões por viuvez, um dos primeiros "privilégios" femininos a serem contestados perante o Tribunal Constitucional[101].

---

[99] *Vide* BELEZA, Teresa Pizarro (1994), *O Conceito Legal de Violação*, separata da Revista do Ministério Público, e BELEZA, Teresa Pizarro (1996), "Sem Sombra de Pecado. O Repensar dos Crimes Sexuais na Revisão do Código Penal" in *Jornadas de Direito Criminal, Revisão do Código Penal*, Lisboa: Centro de Estudos Judiciários, pp. 5 – 29.

[100] Esta Lei foi regulamentada pelo Decreto-Lei n.º 55/99, de 26 de Fevereiro.

[101] Cf. BELEZA, Teresa Pizarro (1993), pp. 237 e ss. Sobre a jurisprudência do Tribunal Constitucional em matéria de igualdade, *vide* ALBUQUERQUE, Martim

Na verdade, *em geral* as mulheres são obrigadas a uma dupla ou às vezes tripla tarefa: além do trabalho fora-de-casa, ainda têm o encargo de tomar conta dos filhos e da casa e frequentemente dos parentes e dos afins idosos. Assim como é verdade que *em geral* as mulheres ganham, em todas as profissões, menos dinheiro do que os homens. O problema está, justamente, em compatibilizar a ideia de abstracção e generalidade da lei, por um lado, com a de não discriminação por outro e *ainda* com a "violência conceptual" que consiste em equiparar "à força" todas as mulheres. Algumas mulheres não têm filhos nem outros encargos familiares. Algumas mulheres têm um estatuto económico-social mais elevado do que muitos homens.

Creio que, do ponto de vista conceptual, a única via correcta (talvez mesmo a única "possível") será a de manter a consciência desta *unidade fragmentada* das pessoas a que chamamos, também no discurso jurídico, *mulheres*. Aquilo que une entre si os elementos dessa realidade fragmentada é a sua – variada, variável, situada, qualificada, mas de algum modo sempre existente e visível – posição de vulnerabilidade social e pessoal associada ao seu sexo. Qualificada (confirmada, acentuada, contrariada, compensada...) por muitas outras características ou qualidades.

O que há de comum entre a rainha de Inglaterra e a mulher paquistanesa que apela ao Estado britânico em busca de asilo ou autorização de residência por razões humanitárias é o facto de ambas serem vistas e consideradas (pelos outros e por elas próprias) como caracterizadas pela sua vulnerabilidade feminina, partindo da sua constituição biológica para a sua caracterização em termos de identidade e de expectativas sociais de comportamento. Se quase tudo o resto as separa, a sua *identidade feminina*, também definida

---

de (1993), *Da Igualdade – Introdução à Jurisprudência*, Coimbra: Almedina, e MELO, Helena Pereira de (2007), *Implicações Jurídicas do Projeto do Genoma Humano. Constituirá a Discriminação Genética uma Nova Forma de Apartheid?*, vol. I, Porto: Serviço de Bioética e Ética Médica da Faculdade de Medicina do Porto.

pelo Direito, coloca-as num plano de – por pouco significativa que seja, ainda o é – similitude. As perguntas ou os comentários jornalísticos que tipicamente são dirigidos às mulheres que se dedicam à política, sobretudo as que atingem postos mais elevados e socialmente visíveis, denotam essa mesma similitude[102]. A existência de regras de precedência masculina sobre a primogenitura na sucessão na coroa em países democráticos como a Espanha mostra como o sexo pode discriminar em todos os níveis sociais[103].

Por isso, como afirma DENISE RILEY[104],

"... both a concentration on and a refusal of the identity of "women" are essential to feminism."

É com essa dupla consciência que tenho tentado trabalhar, desde que há vários anos comecei a pensar e a escrever sobre Mulheres e Direito. Para mim, nada nesta perspectiva torna as coisas impossíveis ou difíceis. Afinal, não é coisa semelhante o que fazem as instituições como o Conselho da Europa, quando simultaneamente insistem na luta contra o racismo e se sentem obrigadas a insistir no não reconhecimento da existência de *raças*? Talvez eu vá num caminho um pouco diferente, ainda assim. As mulheres existem e têm problemas de discriminação, subordinação, falta de poder ou reconhecimento... a nossa consciência da existência e o nosso reconhecimento dos problemas das mulheres estão inextricavelmente ligados a esses mesmos problemas, e a *identificação* das pessoas como *mulheres* também. Nada disto me impede de considerar que a divisão estanque da espécie humana em dois sexos, *com as impor-*

---

[102] Cf. SINEAU, Mariette (2007).
[103] Curioso exemplo no campo das decisões do Comité CEDAW é o caso *Vicuña versus Spain*, 2005, em que é questionada a regra da sucessão por linha masculina nos títulos de nobreza.
[104] RILEY, Denise (1989), p. 1.

tantes consequências sociais e jurídicas que essa divisão acarreta, é discutível, problemática e "digna" de ser "desconstruída". Como quem abre para ver melhor o que está dentro.

Mas o racismo também existe, é bem real, e existindo *confere realidade* à divisão das pessoas consoante a raça ou a etnia (não creio que deste ponto de vista se possa estabelecer grande diferença entre estes dois conceitos, ao contrário do que por vezes se afirma). A "contestação" – talvez melhor dizendo, a desconstrução – do género como categoria inerente ou imanente aos seres humanos não é assim tão diferente do que hoje é muito mais facilmente aceite em relação à raça.

9. A disciplina "Direito das Mulheres": o seu papel estruturante do conhecimento sobre a condição (jurídica) feminina

Disse acima, seguindo STANG DAHL, que o Direito das Mulheres se destina a analisar e descrever a situação jurídica das mulheres. Disse também que uma outra forma de descrever o objectivo da disciplina é a referência à construção jurídica das relações de género. Esta segunda expressão – que, como tentei explicar, não é por mim vista como contraditória ou alternativa daquela, mas antes como uma sua explicitação, um *aposto ou continuado*, tem ainda um toque "estrangeirado", mas provavelmente tornar-se-á em breve, pelo uso continuado nas Ciências Sociais, tão comum e linguisticamente aceitável como muitos outros neologismos no plano científico.

Uma das características do Direito das Mulheres é, como referi logo no início deste Relatório, a sua atenção a aspectos da caracterização da situação jurídica das mulheres – ou da construção jurídica das relações de género – que são habitualmente pouco considerados nas disciplinas jurídicas.

A ideia normalmente implícita em expressões como "condição jurídica" relaciona-se com a descrição de um estatuto de uma pessoa ou grupo(s) de pessoas que sejam abrangidas por determinadas normas que as condicionam em algum sentido. Neste contexto, é mais usual, no discurso jurídico, que a definição de uma condição ou estatuto jurídicos seja levada a cabo através da consideração de norma formais de Direito de produção estadual (Constituição, leis, decretos-leis, Códigos – Civil, Penal, do Trabalho...). No entanto, três outras áreas de análise serão essenciais para definir tal estatuto.

Por um lado, as formas de produção normativa "inferiores": regulamentos, portarias, ou mesmo circulares dentro de serviços públicos, quanto a regras que condicionam certas práticas, certas formas de fazer as coisas (por exemplo, a indicação de que em caso de declaração fiscal conjunta de um casal, o "contribuinte A" tinha de ser o marido e não a mulher, prática relativamente recente da nossa administração fiscal, como já referi); ou ainda os formulários de certos documentos (como os passaportes portugueses, que até há pouco tempo tinham um espaço para a fotografia do portador e ao lado um outro para a "mulher/*femme*").

Por outro lado, as intensas produção de declarações e celebração de tratados internacionais no que às mulheres diz respeito – desde as normas protectoras das mulheres no campo do trabalho (na realidade, protectoras da *função maternal*) até às recentes convenções que se pretendem anti-discriminatórias. Se é um facto que tais diplomas (tratados internacionais) fazem parte integrante do Direito português, uma vez assinados e ratificados nos termos constitucionais[105], a verdade é que eles só são totalmente compreensíveis quando acompanhados de um sem número de documentos, declarações de princípio, trabalhos preparatórios, descrições e memórias explicativas, que não são formalmente *regras de Direito* – ou, quando muito, poderão ser designados pela expressão *soft Law*.

Mas, para além disso, em parte pelo isolamento internacional em que Portugal se manteve durante o Estado Novo, em parte pela

---

[105] Cf. o art. 8.º da CRP. No que à Declaração Universal dos Direitos Humanos, de 1948, diz respeito, a nossa Constituição atribui-lhe valor interpretativo privilegiado no que concerne às disposições constitucionais sobre direitos fundamentais.

herança de positivismo estreito na leitura do universo jurídico que as Faculdades de Direito tenderam (tendem, ainda, em boa medida) a perpetuar, o plano da legiferação internacional é muitas vezes minorado ou ignorado pelos "agentes jurídicos" (teóricos/ensinadores do Direito, fora do estrito campo do ensino do Direito Internacional; entidades que poderiam recorrer a tribunal para advogarem certas causas) aqui incluindo os mais importantes no seu papel de aplicação/ /criação do Direito, as Magistraturas. Exemplos óbvios disto são a relativa escassez de processos judiciais relativos a discriminação salarial ou outra no mundo do trabalho, ou a forma como os tribunais em geral resistem à invocação directa de normas de origem internacional.

Mas existe ainda um terceiro plano cuja consideração é essencial: a importantíssima função, em si mesma, de declaração/criação do Direito que cabe aos tribunais, em geral. Em boa medida, o estatuto jurídico das mulheres no que diz respeito, por exemplo, à "protecção" (em verdade, frequente e essencialmente, *repressão*) da sua sexualidade no Direito Penal só é compreensível se for analisada a extensa jurisprudência sobre crimes de violação e estupro – e essa análise tem de ser cruzada com o estudo do Direito da Família, legislado e aplicado. Só isso permite compreender em que medida não só as mulheres eram formal e expressamente divididas conforme a sua relação/pertença aos homens, mas também como a sua sexualidade era não em absoluto ignorada pela lei (como à primeira vista se poderia supor), mas antes activamente reprimida. As decisões dos nossos tribunais sobre crime de estupro são, neste sentido, um verdadeiro hino à ambiguidade com que o Direito lidou com a sexualidade feminina[106]. Nos seus "verdadeiros" cânones, ela

---

[106] *Vide* BELEZA, José Manuel Pizarro (1982), *O Princípio da Igualdade e a Lei Penal – o Crime de Estupro Voluntário Simples e a Discriminação em Razão do Sexo*, separata do número especial do Boletim da Faculdade de Direito da Universidade de Coimbra, Estudos em Homenagem ao Prof. Doutor Teixeira Ribeiro, para um interessantíssimo estudo sobre a jurisprudência relativa ao crime de estupro.

não existe ou não deve existir; apenas é tolerada na medida em que seduza da maneira exacta e correcta para o fim a que se destina: a conquista de um homem como forma "honesta" de subsistência e cumprimento da função social de criar uma família, e a posterior "satisfação" de um marido assim "conquistado". A leitura das normas penais em sede de crimes sexuais na forma que assumiram *até à reforma do Código Penal em 1995* (e das quais ainda hoje se podem encontrar resquícios, se se prestar bem atenção) mostra que elas constituem um impressionantíssimo sinal de que a sexualidade feminina é normativamente passiva e dirigida à conjugalidade, a masculina predadora e promíscua. Por isso mesmo, as relações sexuais com uma mulher são, para um homem, por natureza uma vitória, para a mulher uma derrota. E o casamento, inversamente, é uma conquista para a mulher e para o homem uma armadilha, uma perda de liberdade. Esta forma de ver do Direito acompanha a do senso comum hegemónico, como pode verificar-se pela literatura e ficção popular.

Por vezes, a criação ou reafirmação jurisprudencial de regras de relacionamento pode ser levada a cabo de uma forma mais indirecta, não em julgamentos por crimes sexuais, como exemplifiquei, mas em casos de teor diverso. Lembremos algumas *causes célèbres* do tempo do Estado Novo que são, ou podem ser, também instrumentos significativos de análise da imposição *violenta* de certas normas jurídico-morais de comportamento às mulheres (e, claro, aos homens, por reflexo ou "complementaridade"). Refiro, brevemente, dois casos emblemáticos.

O processo-crime movido contra as autoras de *As Novas Cartas Portuguesas*[107] é um caso precioso para entender essas concepções dominantes no discurso jurisprudencial. No caminho entre a acusação por atentado à moral pública (1972) e a absolvição final, em 1974,

---

[107] BARRENO, Maria Isabel, HORTA, Maria Teresa, e COSTA, Maria Velho da (1974), *Novas Cartas Portuguesas*, Lisboa: Editorial Futura.

se traçou também o difícil caminho da ditadura para a democracia em Portugal, porventura no seu lugar mais central e por isso mesmo menos óbvio: a *intimidade* das pessoas.

O processo crime de que NATÁLIA CORREIA foi alvo nos anos sessenta aquando da publicação da *Poesia Erótica e Satírica*[108] é também um bom exemplo do (estreito) limite da tolerância pelo Estado Novo não só da liberdade de expressão, mas em especial da reacção pronta ao que era visto como comportamento (neste caso, literário) de uma voz feminina incómoda.

Indo um pouco mais atrás no tempo, podemos encontrar os tribunais a *controlarem* a manutenção de uma certa *ordem de género* de formas ainda outras, avalizando os ditames da Medicina quanto à insanidade de mulheres que recusavam comportar-se de forma tida como adequada ao seu sexo e à sua posição social: Rita Garnel relembra, na sua obra, os processos que envolveram MARIA ADELAIDE CUNHA e ROSA CALMON[109].

A probabilidade, ou mesmo a possibilidade, de juntar todos estes aspectos é uma das riquezas intelectuais e académicas do Direito das Mulheres. Permitindo *ver* o que sem ele seria invisível, este ramo do conhecimento jurídico preenche uma função heurística (a meu ver) fundamental.

10. Crítica do paradigma igualitário

Como já referi, é inevitável que uma disciplina como o Direito das Mulheres se defronte com os problemas da igualdade e da

---

[108] CORREIA, Natália (1999), *Antologia de Poesia Erótica e Satírica*, Lisboa: Antígona.

[109] GARNEL, Maria Rita Lino (2007), *Vítimas e Violências na Lisboa da I República*, Coimbra: Imprensa da Universidade. O primeiro dos aludidos processos foi também descrito por GONZAGA, Manuela (2009), *Maria Adelaide Coelho da Cunha: Doida Não e Não!*, Lisboa: Bertrand Editora.

discriminação, mesmo se esse enquadramento teórico nos parecer insatisfatório ou insuficiente.

Um caminho possível, seguido por alguns manuais e alguns cursos americanos, é colocar lado a lado capítulos e perspectivas baseados na igualdade/discriminação, onde se estudam temas como as questões laborais, e outros na subordinação, onde os tópicos da sexualidade ou da violência são arrumados. É o caso do já citado manual de BARTLETT *et al.*, 2002[110]. Outro ainda, como faz CATHARINE MCKINNON (2005)[111], é o da contestação da concepção de igualdade, que entronca em ARISTÓTELES, que o Direito em geral utiliza (as leis, os tribunais, designadamente os que estão investidos em funções de fiscalização da constitucionalidade, como o Supremo Tribunal americano). Coerentemente, MCKINNON propõe que a ideia (o ideal) de igualdade seja mantida, mas reformulada. Tratar os iguais (os situados de forma semelhante) de forma igual é, diz ela, manter as coisas como estão. A igualdade, afirma, implica superar essa "baia", compreendendo que o actual paradigma protege a desigualdade real.

Mas a mim parece-me necessário fazer ainda uma coisa diferente, que terá alguns pontos em comum e alguns aspectos distintos destes caminhos. Refiro-me à necessidade de contestar o "império da igualdade", não enquanto *ideal democrático*, mas enquanto *paradigma de pensamento* que em meu entendimento dificulta a nossa capacidade de enquadrar teoricamente várias questões[112].

Aquilo a que tenho chamado *paradigma igualitário*[113], em que as questões jurídicas do género (e outras) são normalmente abor-

---

[110] BARTLETT, Katharine T., HARRIS, Angela, e RHODE, Deborah RHODE (2002).
[111] Cf. MACKINNON, Catharine A. (2005).
[112] Fiz algumas tentativas neste sentido, nomeadamente em BELEZA, Teresa Pizarro (2001), "A Criação Normativa das Relações de Género" *in A Sexualidade na Civilização Ocidental, Actas dos VII Concursos Internacionais de Verão de Cascais (3 a 15 de Julho de 2000)*, Cascais: Câmara Municipal de Cascais, pp. 59-70.
[113] Cf. BELEZA, Teresa Pizarro (1993), e MELO, Helena Pereira de (2007).

dadas, contém em si, do meu ponto de vista, algumas limitações ou problemas.

Vejamos alguns aspectos desta questão:

a) Normalmente, as palavras *desigualdade* e *diferença* são tomadas como sinónimos. Por isso se diz que querer a igualdade e a diferença é contraditório. Tomam-se essas palavras como antónimos. Ora, a desigualdade é não a mera dissemelhança, a mera diferença, mas a hierarquia, a subordinação. É exactamente esta característica da "desigualdade" entre os géneros – porventura incindível da sua própria existência e conceptualização – que escapa, por vezes, em afirmações daquele tipo. O que está em causa não é tornar as pessoas iguais (no sentido de semelhantes, isto é, não diferentes) mas desfazer a criação, em boa parte legal, de uma *hierarquia* entre pessoas. Assim o entendeu em assunto paralelo o Supremo Tribunal Americano, quando declarou que o problema do racismo nos Estados Unidos se cifrava numa supremacia injusta dos *brancos* sobre os *negros* – e não em qualquer outra direcção[114].

A construção da identidade jurídica feminina e masculina feita pelo Direito consistiu na criação da desigualdade e da *diferença hierarquizada* entre as mulheres e os homens. A própria lei confluiu diferença e desigualdade. É também por isso que nós, em geral, aceitamos essa equiparação abusiva. Uma das justificações clássicas para o tratamento desigual das pessoas é justamente a sua diferença.

Nas palavras sugestivas de STANG DAHL, (admitindo que esta forma de ver é, em si, por outra via e razão, algo problemática para a minha maneira de entender as coisas, apesar de empiricamente fundada):

---

[114] Cf. BELEZA, Teresa Pizarro (1993), pp. 129 e ss.

"Os homens e as mulheres vestem-se de maneiras diferentes, têm ocupações diferentes, desempenham funções diferentes no trabalho, na família e na vida pública, distraem-se de maneiras diferentes, têm relações sociais diferentes e sexualidades diferentes. *Não é, porém, nas diferenças que reside o problema. A questão está no modo como elas são mutuamente hierarquizadas* e no facto de, na avaliação que a sociedade faz dos sexos, as qualidades, as características, os valores e as actividades das mulheres estarem sistematicamente subordinadas às dos homens."[115]

b) As afirmações jurídicas da igualdade, centrando-se na igualdade entre os sexos, permitem curiosos raciocínios como o de que indagar acerca da gravidez de quem procura trabalho não é discriminatório (ilegal) se só mulheres concorrem a um determinado posto de trabalho. Não havendo homens a concorrer, não há discriminação em função do sexo. Se a questão for pensada em termos de protecção social da maternidade, ou de não discriminação de *pessoas* grávidas, ou até de *mulheres grávidas*, já será óbvia a ilicitude do comportamento em causa[116].

Mas em rigor isto só se torna claro se se questionar a naturalidade da divisão das pessoas entre dois géneros e a própria naturalização do conceito de género. Note-se que o Tribunal das Comunidades decidiu, em 1990, no caso *Dekker*, que a discriminação por gravidez é discriminação directa em função do sexo, porque só as

---

[115] DAHL, Tove Stang (1993), p.6. Itálico meu.
[116] A Constituição da República da África do Sul, de 1996, inclui entre os factores proibidos de discriminação, ao lado do género e do sexo, a gravidez (art. 9.º, § 3: *"The state may not unfairly discriminate directly or indirectly against anyone on one or more grounds, including race, gender, sex, pregnancy, marital status, ethnic or social origin, colour, sexual orientation, age, disability, religion, conscience, belief, culture, language and birth"*).

mulheres podem engravidar. Se uma mulher não for aceite como trabalhadora numa empresa por estar grávida, existe discriminação proibida em função do sexo, sendo irrelevante que no caso concreto não haja qualquer candidato do sexo masculino[117]. Mas não deixa de ser curioso que esta questão seja vista como uma discriminação (directa ou indirecta) *em função do sexo*. É claro que existe uma razão de ordem normativa e prática: o sexo é o primeiro dos factores proibidos de discriminação na legislação europeia. Mas só uma concepção "obsessiva" que liga *mulheres* a *maternidade* pode tornar este raciocínio aparentemente tão natural. Não acontece certamente o mesmo em relação à paternidade, que não define sexo algum. E no entanto uma mulher voluntaria ou involuntariamente infértil não deixa de ser considerada mulher para efeitos jurídicos (e sociais).

c) As declarações sobre igualdade, sem verdadeiramente o expressarem, dão os seus termos de equiparação como pressupostos não problemáticos. Mas os conceitos de "homem" e "mulher" são profundamente normativos e heterodefinem-se numa contraposição hierarquizada. Uma multiplicidade de discursos – científico, médico, religioso, jurídico, de regras de estética ou de cortesia dominantes, de relacionamento amoroso – cria identidades normativas de *homem* e de *mulher* face às quais os desvios são censurados, quando não formal ou informalmente punidos. O Direito é um (entre outros) poderoso discurso de criação e separação de identidades – e é particularmente poderoso, dada a sua qualidade de dis-

---

[117] Caso C-177/88 [1990] *Dekker v VJV-Centrum Plus*. European Court reports 1990 p. I-03941. http://eur-lex.europa.eu/LexUriServ/LexUriServ.do?uri= =CELEX:61988J0177:EN:HTML, consultado no dia 31 de Dezembro de 2007. As palavras centrais da decisão podem ser vistas nas seguintes frases:*"In that regard it should be observed that only women can be refused employment on grounds of pregnancy and such a refusal therefore constitutes direct discrimination on grounds of sex (...) the fact that no man applied for the job does not alter the answer to the first question."*

curso de autoridade, a possibilidade da sua execução coactiva e a sua capacidade de legitimação e de deslegitimação de modos e práticas de vida. Há uma espécie de *taxonomia normativamente imposta* que toma como homogéneos e estanques grupos de pessoas que entre si são infinitamente diferentes. O que as aglutina, mas de forma descontínua, fraccionada, ocasional é o desequilíbrio de poder *tendencial* entre os membros do grupo (justamente, como nas *castas*) e todo o discurso ideológico e normativo que concorre para isso.

d) Perversamente, o raciocínio dentro do paradigma igualitário pode levar- nos a aceitar acriticamente uma certa forma de ser "natural" – uma determinada *natureza* – para certas categorias de pessoas (tipicamente, as mulheres). Relembrem-se as frases acima citadas de JOHN STUART MILL e THEODOR ADORNO, dois exemplos felizes de expressão literária, ensaística, do carácter "absurdo" e infundado de tal aceitação. Mas a sua permanência no senso comum é tenaz e evidente. É ainda hoje, passado mais de um século desde a publicação do texto de STUART MILL, muito fácil detectar, quer no senso comum quer em discursos oficiais ou eruditos, as marcas desta *naturalização*. A oposição "Natureza" / "Cultura", ainda hegemónica na nossa tradição cultural, tem aliás correspondência na contraposição "Mulher" / "Homem".

e) O paradigma igualitário não questiona a criação das categorias discriminatórias através das formas de ver, não problematiza a *percepção da diferença* como constitutiva dessa mesma diferença. Numa cena de um filme sobre a adopção de uma criança americana negra por uma família branca[118], a irmã adoptiva, de etnia caucasiana, pergunta a Isaah, o

---

[118] *Losing Isaiah*, de Stephen Gyllenhaal, USA, 1995.

miudinho afro-americano: *"Isaah, what is the difference between our hands?"*. Ao que ele responde oferecendo, interrogativamente, a sua percepção da diferença *"Mine is smaller?"*. Para a irmã mais velha, é evidente que a diferença entre as mãos de eles os dois é a cor. Mas a inocência dele ainda não foi quebrada pelos preconceitos que mais tarde encontrará. Por isso, ele *não vê* uma diferença de cor, não tem consciência de que é *negro* (com tudo o que isso historicamente implica) mas apenas uma irrelevante e compreensível variação de tamanho da sua mão ao lado da sua irmã. Por isso também é comum ouvir dizer em países como Portugal "descobri que era negro quando fui para a escola".

O não questionamento da importância da nossa percepção, do nosso olhar, leva a uma reificação das características dos grupos e dos elementos que formam o grupo, como se a realidade moldasse os nossos conceitos independentemente do nosso olhar sobre ela. A importância construtiva da *percepção da diferença* está bem expressa na frase feliz de BERNARD JACKSON:

"Identity is constructed through the perception of difference, and in the legal sphere such differences manifest themselves in normative patterns of behaviour associated, on the one hand, with "us" and on the other with "them".[119]

f) O paradigma igualitário tende a fazer-nos olhar para as pessoas em perspectivas uni-dimensionais: mulheres, velhos, negros, homossexuais, ... Mas a compreensão de *estatutos pessoais diminuídos* implica muitas vezes a capacidade de perceber como se cruzam e reforçam ou compensam essas

---

[119] JACKSON, B. (1995), *Early Biblical Law*, comunicação apresentada no Convento da Arrábida no encontro da Associação Internacional de Semiótica, 1995, p. 1.

identidades múltiplas, e o que nos condiciona na nossa percepção delas – em relação a nós mesmas e em relação às outras pessoas. A consequência desta categorização unidimensional das pessoas tem, no plano estritamente jurídico, a consequência de tornar de muito difícil compreensão as hipóteses de discriminação múltipla quando o efeito não é meramente cumulativo mas qualificativo. Por exemplo, um acto discriminatório contra *mulheres de raça negra* não será considerado ilegal se não for possível provar a existência de discriminação contra mulheres (por contraposição aos homens) ou negros (por contraposição a brancos)[120]. Ou um acto que discrimine contra pessoas de idade avançada de uma determinada etnia. Ou mesmo, como vimos há pouco, contra mulheres grávidas. Nesta última hipótese, é verdade que só as mulheres podem engravidar, mas também é verdade que só algumas mulheres podem engravidar.

g) O "império" da igualdade pode levar a querer triar e legitimar tudo nos seus próprios termos. É o que parece passar-se quanto a normas de protecção contra o assédio sexual, ou com a discussão crítica sobre as leis criminalizadoras da sodomia (nos Estados Unidos da América). Há naturalmente razões estratégicas para que isto aconteça – a argumentação de pontos de vista já relativamente consensuais pode ter óbvias vantagens retóricas. Por exemplo, o facto de ser dado como adquirido que as pessoas têm direito a um ambiente de trabalho sadio, não poluído, pode tornar em argumento sugestivo a invocação do carácter "poluidor" que pode assumir um assédio perturbador no local de trabalho.

---

[120] Para uma interessantíssima discussão sobre o problema da categorização neste contexto, partindo fundamentalmente da promulgação do *Equality Act* britânico de 2006, utilizando múltiplos exemplos da jurisprudência nos países da *Common* Law, MCCOLGAN, Aileen (2007), "Reconfiguring Discrimination Law", *Public Law*, Spring 2007.

Como a proibição penal do aborto pode ser entendida e discutida em termos de violação da intimidade pessoal – como no célebre caso *Roe v. Wade*[121], nos EUA – ou em termos de gerar formas de desigualdade. A forma de "arrumar" as questões nunca é inocente, casual ou indiferente.

Mas a possível "injustiça" do assédio ou das leis criminalizadoras da sodomia, ou da incriminação da interrupção da gravidez ainda que de acordo com a vontade da mulher, tem outros fundamentos e outras perspectivas de análise legítimas, porventura mais determinantes e mais profundas. Além do mais, igualdade, além de remeter para *diferença* ("Todos diferentes, todos iguais"), pressupõe, em qualquer caso, *comparação*. Quando falta um ponto de comparação verdadeiramente neutro, a utilização do padrão (homem, quanto à discriminação contra as mulheres) levanta problemas não só de *legitimidade* mas também de viabilidade. Como se compara uma mulher grávida com um homem? Como se compara a maternidade com a paternidade (por exemplo, no âmbito da procriação assistida, como no caso do Tribunal Europeu dos Direitos Humanos – TEDH *Evans versus the United Kingdom*, de 10 de Abril de 2007)[122]?

Um dos problemas que a singularização da perspectiva da igualdade pode gerar é que parece necessário *legitimar* a luta contra o assédio, ou a crítica às leis da sodomia, ou a incriminação da inter-

---

[121] *Vide*, na matéria, BALKIN, Jack M. (2007) (coord.), *What Roe v. Wade Should Have Said, The Nation's Top Legal Experts Rewrite America's Most Controversial Decision*, New York: New York University Press.

[122] Sobre as decisões do *High Court* e do *Court of Appeal* anteriores à decisão do Tribunal de Estrasburgo, é interessante o comentário de SHELDON, Sally (2004), "Gender Equality and Reproductive Decision-making" *Feminist Legal Studies*, 12, 2004. Sobre as dificuldades da comparação em casos de gravidez, propondo a alternativa da comparação entre a situação da mulher grávida com a mesma mulher "se não estivesse grávida" – a chamada *but-for approach* – pode ver-se HONEYBALL, Simon (2000), "Pregnancy and Sex Discrimination", *Industrial Law Journal*, vol. 29, n. 1, Março de 2000.

rupção voluntária da gravidez pela regra da não discriminação e, mais especificamente, de não discriminação entre os sexos. Além de um empobrecimento teórico da questão, isto significa não só uma perspectiva unilateral das coisas, mas sobretudo a aceitação de nos movermos (exclusivamente) num terreno politica e socialmente escorregadio.

É claro que do ponto de vista estratégico é compreensível que autoras como MACKINNON insistam em argumentar que o assédio sexual, a violação ou o aborto[123] devem ser tratados como questões de igualdade entre os sexos. A razão é simples: o apoio legal no sistema americano para decisões baseadas na lógica de não discriminação permite ou aconselha essa arrumação sistemática em termos de argumentação jurídica, para efeitos de *advocacy*. A evolução da legislação europeia seguiu o mesmo caminho, no que diz respeito nomeadamente ao assédio sexual, comunitariamente considerado uma forma de discriminação, como acontece também agora na legislação portuguesa que nesta matéria recebeu as directivas europeias (Código do Trabalho[124]).

Mas esta forma de ver não consegue libertar-se, em meu modo de ver, de dois problemas sérios: os riscos de o essencialismo e o comparacionismo simplificarem incorrectamente o mundo e de nos prenderem à *ilusão* de que o problema é "sinalagmático". Evidentemente (para mim) não é. Por isso é preciso constantemente lembrar que o que se opõe à igualdade não é a diferença, mas a hierarquia, a dominação. E contestar a naturalidade com que *não* contestamos os termos e a forma das comparações que sempre se perfilam na base dos raciocínios sobre igualdade e discriminação.

---

[123] Eu própria o fiz no que diz respeito ao aborto e sua regulamentação legal, em BELEZA, Teresa Pizarro (1993), pp. 485 e ss.
[124] Cf. o art. 29.º da Lei n.º 7/2009, de 12 de Fevereiro.

11. Discriminação

Os fenómenos sociais de discriminação têm uma dupla face: por um lado, consistem em práticas de domínio e rejeição de pessoas com base (com *pretexto*) em certas características. Por outro, essas práticas são acompanhadas e *fundadas* em construções de identidade(s) baseadas nessas características pretensamente (*vistas como*) diferenciadoras. Ambos os processos se alimentam mutuamente, alicerçando-se no *senso comum* que por sua vez os reconstrói continuamente.

As proibições jurídicas (ou mesmo morais) de discriminação são normalmente baseadas na verificação dessas práticas e discursos, quando por uma qualquer razão perdem legitimidade social ou política e se tornam inaceitáveis. Quase invariavelmente, essa perda é provocada, precedida ou acompanhada de movimentos políticos e sociais de contestação de uma certa ordem das coisas, até aí vista ou tida como *natural*, ou assim imposta pelo discurso social e politicamente hegemónico e pelas práticas políticas. A abolição da escravatura, o fim legal da segregação racial nos Estados Unidos da América do Norte e na República da África do Sul, o conseguimento do direito de voto pelas *sufragistas* britânicas, são exemplos históricos evidentes. Por isso, é importante compreender também a relação entre os movimentos defensores dos direitos das mulheres, nas várias encarnações teóricas e activistas de cariz feminista, e as evoluções social e juridicamente sancionadas, mesmo em países em que os movimentos feministas foram ou são mais fracos, menos visíveis ou politica ou historicamente mais débeis – como é o caso de Portugal[125].

---

[125] Refiro-me fundamentalmente ao chamado – no contexto anglo-americano – Feminismo de segunda vaga (anos 60/70 do século XX). *Vide*, na matéria, TAVARES, Manuela (2000), *Movimentos de Mulheres em Portugal*, Lisboa: Livros Horizonte.

Sobre os inícios do séc XX são interessantes os textos de CAROLINA MICHAËLIS, escritos em 1902 para "O Primeiro de Janeiro", reunidos e publicados

Estes processos são complexos e muitas vezes de uma grande violência: a luta contra a escravatura e o colonialismo – e a manutenção do sistema enquanto tal – implicou milhões de mortos, a brutal sujeição de muitas pessoas a sistemas de controlo e *desumanização* que é difícil imaginar se não tivermos referências históricas suficientes.

E, porventura, mesmo tendo-as. A luta das mulheres pelo direito ao voto implicou a sujeição das militantes mais frontais e corajosas à prisão e à brutalidade da alimentação forçada, e a uma das armas mais temidas por certas classes de pessoas: a ridicularização pela caricatura, arma sempre utilizada como forma de deslegitimação de pessoas, ideias e movimentos. A luta ideológica entre – simplifiquemos aqui, como se estivéssemos perante uma banda desenhada de crianças – o "Bem" e o "Mal" também se trava em frentes muito menos evidentes do que o combate político aberto, parlamentar ou jornalístico (pensando agora na actualidade).

O que hoje é considerado normal no Portugal nosso contemporâneo, que as mulheres votem e que escrevam livros, foi repetidamente objecto de variadas proibições mas também de sucessivas ridicularizações: um dos mais extraordinários exemplos pode ser visto num album de HONORÉ DAUMIER, um fabuloso caricaturista. DAUMIER era simultaneamente socialista e misógino, como era corrente nos intelectuais do seu tempo. Intitulam-se as séries *Les Divorceuses*, *Basbleus* e *Femmes Socialistes*. Em 1974, foi publicada em album uma edição das duas últimas séries, sob o título *Intelectuelles (Bas bleus) et Femmes Socialistes*[126], com um belíssimo prefácio de FRANÇOISE PARTURIER, uma escritora e feminista francesa que teve a

---

em livro por LUÍS CARLOS PATRAQUIM, sob o título *O Movimento Feminista em Portugal*, Paio Pires, Editorial Seis-Filetes (Fradique), 2002. Em geral, uma boa introdução ao conceito e à História do feminismo pode ser vista em HANNAM, June (2007), *Feminism*, Harlow: Pearson.

[126] DAUMIER, Honoré (1974), *Intellectuelles (Bas Bleus) et Femmes Socialistes*, Paris: Éditions Vilo-Paris.

ousadia de se candidatar à *Académie Française*, o que gerou reacções violentas por parte dos académicos, como MARCEL PAGNOL e outros[127].

Nele, DAUMIER usa o seu talento, talvez mais conhecido entre os juristas pelos desenhos de cenas em tribunal (*Gens de Justice*) contra as mulheres que se dedicavam a actividades intelectuais, profissionais ou políticas, como escrever ou discursar, representando-as como criaturas absurdas que se comportavam de forma imprópria do seu sexo. A sugestão de masculinização das mulheres intelectuais com o correlativo processo de feminização dos homens, em particular dos respectivos maridos, encontra-se em muitos outros lugares discursivos, como aconteceu em Portugal no tempo da I República, como relata por exemplo Maria Regina Tavares da Silva[128].

As caricaturas de "negros" em actividades consideradas impróprias para o seu estatuto social e político também foram correntes em muitos tempos e lugares dominados por "brancos". Ainda hoje é possível encontrar não só expressões verbais profundamente ofensivas – ou pela intenção, ou pelo efeito, ou pelo simbolismo – referentes a "negros" como a "orientais" (*olhos em bico*) como ainda imagens da cultura popular que permanecem, não obstante uma forte deslegitimação do *racismo aberto* (quero dizer: sem disfarce, tido como coisa natural e compreensível). Pense-se por exemplo nos bonequinhos de barro pintado que se encontram nas feiras e mercados, representando um miudinho "negro" despido, chamado "o pretinho da sorte".

---

[127] "One Woman, one Vote", revista *Time* (*online*) Monday, Jan. 25, 1971, consultada em 25 de Janeiro de 2008, http://aolsvc.timeforkids.kol.aol.com/time/magazine/article/0,9171,904649,00.html.

[128] SILVA, Maria Regina Tavares da (2002), *Feminismo em Portugal na Voz de Mulheres Escritoras no Início do Século XX*, 3.ª ed., Lisboa: Comissão para a Igualdade e para os Direitos das Mulheres.

12. Ambivalências. Legitimidade

É claro que este fenómeno também não é simples nem unilinear. A utilização do humor pode ser, também neste contexto, ambígua e de efeitos inesperados. Alguns progamas de humor televisivo *parecem* sugerir uma capacidade de transfiguração de descrição excessivamente vincada (como é de rigor na caricatura, desenhada ou verbalizada) de características de hábitos sociais, de pronúncia, de formas de comportamento de alguns Africanos que vivem em Portugal. Como um programa da BBC com personagens indianas, ou de origem indiana, *The Kumars at No. 42,* uma *family sitcom* que aproveita de forma genial os estereótipos sobre as famílias asiáticas nos *mass media* britânicos[129].

A margem de definição é porém muito estreita: não está em causa necessariamente a *intenção de discriminação* (leia-se: de *rebaixamento humano*) de quem faz ou produz os programas, mas o efeito psicológico e social em quem o vê, na medida em que se sinta visado (os caricaturados) ou em quem entenda ver confirmados os seus preconceitos (os não caricaturados, ou pelo menos os que se não auto-identificam como tal).

Um dos (muitos) problemas que aqui se colocam é o de saber *como e a quem perguntar o quê*. Os Chineses residentes em Portugal sentir-se-ão ofendidos por um anúncio na rádio que ridiculariza a sua pronúncia (a dificuldade em pronunciar os "r")? Os Africanos sentir-se-ão incomodados pela representação estereotipada de uma canção como "O Negro do Rádio de Pilhas" ou com os *sketches* idiotas de programas de televisão como "O Prédio do Vasco"? As

---

[129] Segundo o *site* http://www.bbc.co.uk/comedy/kumarsat42/, consultado em 25 de Janeiro de 2008, "*The format also spawned several adaptations overseas, including Greeks on the Roof in Australia, The Ortegas on Fox in the US, Ghaffar at Doraji in Pakistan and Batiwalla House No 43 in India. Without the creators of the original format, however, many of these series proved very short-lived, though repeats of the original are still shown across the globe.*"

Mulheres sentem-se incomodadas quando recebem no seu correio electrónico uma caricatura do seu comportamento quando lidam com barreiras de entrada em parques para estacionamento de automóveis? A sua eventual capacidade de rir dessas (*com essas*) mesmas caricaturas será um sinal de "maturidade" política e social, ou uma interiorização mais ou menos resignada de modelos hegemónicos (*"é melhor rir com eles, não fazer ondas"*)?

Para se obter uma resposta, deve perguntar-se: Questionam-se os representantes das associações que os representam? Às entidades que legalmente velam pelos seus interesses? À CIG[130], por exemplo, para as mulheres; ao ACIDI[131], por exemplo, para os imigrantes e os etnicamente minoritários[132]? Mas o que garante que os *leaders* dessas comunidades ou dessas associações ou desses organismos *realmente* os representam? Os mecanismos de eleição democrática – para as associações? Quem os controla? Os supostos critérios de mérito e capacidade – para os organismos? A evidente protecção intrapartidária na nomeação dos altos funcionários do Estado em Portugal permite, no mínimo, as maiores e mais legítimas dúvidas. Critérios de designação que só aos próprios dizem respeito, dentro de um legítimo pluralismo *multicultural*? Mas será que os *leaders* das Comunidades judaica, cristã, ou católica (entre outras cristãs, claro), ou ismahili, ou muçulmana, respeitam os princípios democráticos da Constituição Portuguesa? Ou a Constituição não tem nada que ver com isso? A Constituição da República pode controlar a democraticidade dos processos de decisão dentro dessas comunidades, designadamente na escolha dos seus representantes, ou não? E nos

---

[130] Página electrónica em http://195.23.38.178/cidm/portal/.

[131] Página electrónica em http://www.acime.gov.pt/.

[132] Expressão em geral problemática, para ouvidos politica e sociologicamente treinados... pense- se, por exemplo, que os *brancos* que dominaram a sociedade sul-africana não só do ponto de vista económico e social mas também do ponto de vista político até há uns escassos quinze anos eram uma pequena *minoria*, em termos populacionais.

partidos políticos? E nos clubes de futebol? E na *Opus Dei,* na Maçonaria, na *Opus Gay*, na Ordem dos Advogados ou dos Engenheiros ou na Causa Monárquica? (perguntas retóricas, é claro; não só "pode" como deve; por isso a argumentação sobre a autonomia dos partidos políticos como contraditada pela existência de *quotas* em razão do sexo das candidaturas nas listas eleitorais é não só cinicamente selectiva, mas sobretudo constitucionalmente infundada)[133].

E esse eventual incómodo das pessoas visadas em certas caricaturas interessa para alguma coisa? É ele que delimita a legitimidade da representação – no limite, *os limites da "liberdade de expressão"*?

Quando a Constituição impõe o respeito da dignidade humana e o Código Penal proíbe sob ameaça de pena (isto é, criminaliza) certas ofensas a essa mesma dignidade (crime de injúrias; agravamento de pena por homicídio e ofensas à integridade física se cometidos por ódio racial; crime de discriminação racial, religiosa, sexual...), como se estabelecem os limites entre um legítimo uso do poder de pensar e de exprimir esse pensamento? Esse poder é um dos fundamentos da Democracia, segundo a mesma Constituição, mas o mesmo se poderá dizer da necessidade de respeitar a dignidade de todas as pessoas – outro fundamento do Estado democrático, talvez o *primeiro*, "filosoficamente" (mas também constitucionalmente) falando?

13. As categorias discriminatórias: Direito e castas

Uma perspectiva de estudo de discriminação que se inspire na ideia de desconstrução das *categorias discriminatórias*, ou, dito de

---

[133] *Vide* BELEZA, Teresa Pizarro (2006), "Constituição e Androginia: Matrix Reloaded?", *Themis, ed. especial "30 Anos da Constituição Portuguesa 1976-2006"*, pp. 195 e ss.

outra forma, da *percepção da diferença* que "legitima" o tratamento desigual, pode ser utilizada para uma série de categorias: género, raça, idade, orientação sexual, convicção religiosa... Trata-se, fundamentalmente, de procurar pontos de apoio em textos legais e jurisprudenciais e nas práticas juridico-sociais para a construção/desconstrução de categorias discriminatórias de pessoas, entre as quais a de *género*. É claro que estas questões não podem ser pensadas sem um enquadramento "extra-jurídico". As práticas e as teorias discriminatórias germinam e cultivam-se em muitas outras áreas da ciência, da prática quotidiana, das regras "informais" de convivência ou, simplesmente, nos modos habituais de fazer as coisas. Mas não podemos esquecer, como já afirmei, que, por um lado, o Direito, *até como parte da regulação e dos códigos de valor sociais*, contribui para a formação e reprodução das categorias discriminatórias – não se limita a "reflectir" outras práticas ou discursos, como às vezes (erradamente, a meu ver) se afirma. E, por outro, a principal motivação deste exercício académico é, justamente, procurar o lado, a dimensão jurídica dessas construções sociais.

Como e em que medida o Direito construiu ou ajudou a construir uma categoria subordinada de pessoas, a saber as *mulheres*? Os *negros*, os colonizados, os "indígenas" – assim foram legalmente denominados no seu Estatuto codificado – escravos, servos, imigrantes, estrangeiros (estas categorias têm pontos de coincidência e são em alguma medida fungíveis, consoante os momentos históricos)? Os chamados (no actual paradigma de pensamento dominante, moldado pela Medicina e pela Psiquiatria) *homossexuais*?

Existem interessantes análises teóricas nas perspectivas da Sociologia e da Antropologia – entre nós, quanto ao género, nomeadamente de Lígia Amâncio e de Miguel Vale de Almeida, por exemplo – mas muito pouco no Direito[134]. Tentei abrir algumas pistas para essa perspectiva na minha dissertação de doutoramento[135].

---

[134] Com excepção da perspectiva histórica, como em trabalhos de A. M. Hespanha ou, de uma forma mais "indirecta", de Garnel, Maria Rita Lino (2007),

Já vimos que a Constituição da República proíbe, no art. 13º, o tratamento desigual entre pessoas, exemplificando fundamentos ilegítimos de distinção.

Em outras disposições, a CRP ordena ao Estado que promova activamente a igualdade entre pessoas, abrangendo actividades do que é vulgarmente referido como "discriminação positiva" ou "acções afirmativas".

O papel do Direito neste contexto é historicamente ambíguo e até contraditório. Por um lado, a Lei, a Jurisprudência, a Doutrina podem funcionar como instâncias de diferenciação e discriminação, reforçando ou legitimando desigualdades socialmente sancionadas. Foi esse claramente o papel da legislação da família no Código Civil de 1966. Mas o ideal igualitário pode também ser activamente promovido através do Direito, que assim actua de forma correctiva e pedagógica. No âmbito europeu, muita da jurisprudência do Tribunal das Comunidades em sede de trabalho e emprego tomou este rumo e esta função, de forma inesperada face ao texto originário do Tratado de Roma. O Direito Internacional (e as Organizações Internacionais) têm promovido, pelo menos ao nível do discurso, a causa da não discriminação em múltiplos documentos e *fora*.

Historicamente, a divisão das pessoas entre *estados* (metaforicamente, nas palavras de SUNSTEIN, "castas") foi vista (ainda o é em algumas sociedades) como coisa natural, inevitável e indiscutível. O Direito Português acolheu e activamente instituiu um *sistema de "estados"* visto como coisa natural, ordenada por Deus ou pela Natureza (consoante as épocas). A negação dos privilégios de certas *classes de pessoas* começa com o advento do Liberalismo em Portugal, acentua-se com a República, mas só vem a "florescer"

---

pp. 211 e ss., sobre os casos de declaração médica de insanidade de ROSA CALMON e de MARIA ADELAIDE CUNHA A. *Vide* também MELO, Helena Pereira de (2007).
[135] BELEZA, Teresa Pizarro (1993).

com a Revolução de 1974 e a redacção da Constituição que lhe deu consagração jurídica em 1976.

Um dos projectos (inacabados) da Modernidade foi justamente pensar as pessoas (alguns homens, na verdade) como *indivíduos* – e, supostamente pelo menos, tratá-los como tal, e não como *parte de um grupo, de uma corporação, de uma casta*.

Essa *individualização* das pessoas, transformadas em "cidadãos sem qualidades", que nunca em lugar algum foi completamente conseguida ou mesmo prosseguida, está por um lado no centro do *Liberalismo* e por outro na lógica económica do *Capitalismo*. Se por um lado a Lei, na sua majestade, pode proibir tanto os pobres como os ricos de dormir debaixo das pontes de Paris (para usar a célebre frase de ANATOLE FRANCE), também o Mercado pode presumir por exemplo que as ofertas agressivas de crédito por parte dos Bancos às pessoas serão livremente aceites ou recusadas, com base na mesma possibilidade de informação e ponderação, por mim própria, professora numa Faculdade de Direito de uma Universidade pública em Lisboa, licenciada, mestrada e doutorada, ou pela Sr.ª D.ª Rosa (*personagem fictícia*), que limpa ao fim da tarde o meu gabinete, e por acaso não sabe ler nem escrever.

A Constituição Portuguesa, que nasce de uma Revolução já perto do fim do século XX, mostra uma evidente preocupação – como muita da legislação no campo da "igualdade" que se lhe seguiu – em *localizar* as pessoas. Na Constituição há cidadãos, mas também há pais e mães, trabalhadores, homens e mulheres (e estas tornaram-se particularmente visíveis nas últimas versões do texto constitucional). Há crianças e há jovens, há idosos e há pessoas com deficiências ("cidadãos portadores de deficiência"), e a muitas destas "diferenças" a Constituição manda atender *para que se não notem* ou *para que se façam notar,* ajudando quem mais precisa[136].

---

[136] *Vide*, para algumas referências teóricas na matéria, HESPANHA, António Manuel (2007), pp. 381 e ss.

A compaixão e a solidariedade estão muito mais obviamente presentes na nossa Constituição[137] do que à vista desarmada parecem estar nas práticas sociais – embora aqui, como alhures, seja provavelmente injusto e precipitado generalizar.

14. A diferenciação hierarquizada promovida pelo Direito como objecto de estudo

A observação da forma como o Direito produz, reproduz, altera relações sociais de género pode ser vista como uma instância de produção de discurso sobre o Direito – e neste sentido ser objecto de uma indagação em muitos outros planos, como por exemplo o da Teoria do Direito.

Mas nesta disciplina (DMIS) essa observação está *naturalmente* condicionada à sua ligação semântica inevitável: as questões da discriminação e da igualdade. Ainda que essa ligação precise, ela própria, de análise cuidada (chamemos-lhe, como acima, o estudo e crítica do *paradigma igualitário*).

É claro que o próprio Direito suporta discursos críticos, alternativos, pelo menos até um certo ponto. Vários estudos e perspectivas sobre, por exemplo, "A mulher no Direito Penal"[138], ou "A violência contra a mulher na jurisprudência penal portuguesa", podem ainda ser vistos como discursos "intralegais". A verificação de uma disparidade entre Direito legislado e o praticado já poderá ser, no entanto, (visto como) olhar de socióloga, não de jurista... Ou um outro olhar de jurista, pluralista, não logo-cêntrico, "realista".

Mas o que me parece mais interessante numa perspectiva de "género" (relações sociais de género) é a possibilidade de observar

---

[137] Talvez por isso seja recorrente na arena política portuguesa a "obsessão revisionista" dos partidos de direita.

[138] *Vide*, nomeadamente, BELEZA, Teresa Pizarro (1984), *A Mulher no Direito Penal*, Lisboa: Comissão da Condição Feminina; LARRAURI, Elena, *s.d.*, e LARRAURI, Elena (1994).

a forma como o Direito estabeleceu historicamente e aceita ainda, de várias maneiras, conceitos normativos de mulher/homem/relações--apropriadas-entre-homens-e-mulheres, criando, fabricando, produzindo hierarquias de poder e subordinação que estão longe de ser mera reprodução do socialmente pré-existente. As regras jurídicas e as práticas que as sustentam, corroboram ou contestam têm uma origem e um efeito autónomos das relações sociais de que podem *parecer* um mero espelho. Mas é bom lembrar que os espelhos, além de reflectir, também distorcem e até incendeiam.

Regras ou práticas discriminatórias podem ter os mais variados pontos de referência ou "pretextos". O que parece suceder é o surgir de novas formas de discriminação quando as divisões mais antigas e tradicionais estão a ceder terreno[139]. O progresso económico e tecnológico parece trazer consigo, inevitavelmente, novas formas de discriminação. Neste contexto, a questão discriminação – igualdade não é assunto que se possa "encerrar" atingidas certas metas, porque ele está sempre a ser reaberto pelo andar dos acontecimentos.

A verdade é que imaginação humana não tem limites para criar pretextos de discriminação. Como referem GRIFFIN e MCKINLEY:

"The basis for discrimination can be almost anything – gender, race, ethnicity, language, religion, citizenship – and seems to be limited only by the imagination of humankind in devising plausible criteria for distinguishing one group from another."[140]

Na medida em que o Direito participa nessa criação – e na medida em que pode arrepiar caminho tentando desfazê-la – o estudo do fenómeno tem certamente fundamento numa Faculdade de Direito.

---

[139] Sobre a probabilidade de discriminação com base na constituição genética, ver MELO, Helena Pereira de (2007).

[140] GRIFFIN, Keith, e MCKINLEY, Terry (1994), *Implementing a Human Development Strategy*, London: Macmillan, p. 13.

Além disso, como suponho evidente, distinções que em certo tempo ou lugar se apresentam como "aceitáveis", ou até "racionais", deixam de o ser a partir de um determinado momento ou não o são em outro lugar. Compare-se, por exemplo, a lei vigente em matéria de estatuto das mulheres num Estado como Portugal e num Estado como a República Islâmica do Irão. Ou a evolução da legislação portuguesa em sede de Direito da Família entre 1966 e 1977 (Código Civil).

As classes de pessoas criadas (recriadas) pelo Direito, por exemplo nas Ordenações, podiam ter como critério a confissão religiosa ou o estatuto matrimonial quanto às mulheres (núbil, honesta, viúva...). Nada disso seria hoje constitucionalmente aceitável. Mas algo disso permaneceu até muito recentemente na lei penal, e ainda será visível em algumas decisões jurisprudenciais[141].

Disposições legais expressamente discriminatórias, como as que existiram na lei portuguesa até 1974, ou datas próximas, podem ser vistas não só como atentatórias da dignidade das mulheres enquanto cidadãs, mas também como absurdas e *disfuncionais* de um ponto de vista de modernização e desenvolvimento económicos. Pense-se por exemplo no art. 1676.º, n.º 2, do Código Civil de 1966 que permitia ao marido denunciar a qualquer momento o contrato de trabalho de que a mulher se tivesse tornado livremente parte, ou na disposição legal que fazia depender de autorização marital a saída de uma mulher casada para o estrangeiro. Na perspectiva do livre desenvolvimento do mercado de trabalho, estas normas eram *irracionais* – e foram-no ainda mais num país em que muitos casais estavam separados pela imigração ou pela guerra em África, ou simplesmente pela impossibilidade legal de divórcio para casamentos católicos, só desfeita com a revisão da Concordata entre Portugal e a Santa Sé.

---

[141] Cf. BELEZA, Teresa Pizarro (1996), e BELEZA, Teresa Pizarro (2004), "Anjos e Monstros – A Construção das Relações de Género no Direito Penal", *Ex Aequo, Revista da Associação Portuguesa de Estudos sobre as Mulheres*, n.º 10 (Outubro de 2004), pp. 29-40.

O efeito a longo prazo destas disposições subsiste muitas vezes mesmo depois da sua revogação formal: as regras de Direito não se limitam a reflectir uma forma de pensar socialmente dominante, antes com frequência a condicionam ou ajudam a condicionar. Os *quadros mentais* desenhados na lei portuguesa da família na segunda metade dos anos sessenta (Código Civil de 1966) não desapareceram automaticamente com a sua substituição em 1977 (Revisão do Código Civil).

É em parte por esta razão que o estudo da legislação já formalmente revogada – seja o Código Civil do século passado (1867), as leis da República ou o Código Civil de 1966 – é importante. É--o também para vincar o papel *constitutivo* do Direito no estatuto de pessoa diminuída que, também do ponto de vista juridico-formal, era a mulher.

Tenho a convicção de que as pessoas em geral pensam que o Direito se foi mais ou menos limitando a fixar uma determinada ordem social, mais ou menos consensual e adequada à época. Ora o carácter injuntivo de certas regras leva a considerar que a *capitis deminutio* das mulheres era coisa imposta com diligência e severidade por parte do legislador, como uma questão de ordem pública. Podem ser exemplos a proibição legal de atribuir à mulher poderes de administração excepto nos casos restritos previstos na lei, no Código Civil de 1867 e no Código Civil de 1966; ou, em geral, a rigidez do contrato de casamento quanto aos seus efeitos – até hoje, aliás; ou o pormenor com que se desenhava a incapacidade negocial da mulher casada. Não se tratava "apenas" de avaliar uma sociedade de desiguais, *mas, positivamente, de a construir*.

A perspectiva (a estruturação do pensamento jurídico) do legislador de 1966 não desapareceu com a Constituição de 1976 nem com a alteração do Código Civil em 1977. Isto é visível em pronunciamentos dos nossos tribunais, que muito depois das alterações legislativas referidas continuam a tomar decisões referenciáveis a valores jurídicos e sociais formalmente ultrapassados.

Os Acórdãos das Relações sobre maus-tratos conjugais – anos de 1984 e seguintes[142] raciocinam no mesmo paradigma de relações familiares. O mesmo se poderá dizer de decisões do Supremo Tribunal de Justiça em matéria de crimes sexuais, como o já referido Acórdão de 1987 sobre crime de violação e a relevância do passado sexual *da vítima*[143]. Ou o Acórdão do mesmo Supremo que considerou que o facto de as vítimas terem aceitado boleia de uns rapazes na estrada significava que elas tinham contribuído de forma significativa para a sua vitimização (violação), dado que se tinham *aventurado na coutada do macho ibérico*[144].

Não há aqui um paralelo evidente com a virgindade cuja falta na mulher (ou melhor, o erro sobre essa falta) podia ser fundamento de anulação do casamento (art. 1636.º do Código Civil de 1966)? Ou ainda as decisões do mesmo Supremo que tão recentemente aceita, contra a igualdade proclamada pela Constituição e a necessidade de desfazer a distribuição estereotipada de papéis sociais prevista na Convenção CEDAW, caracterizações "antiquadas" da posição jurídica relativa dos cônjuges, com graves implicações para a atribuição de responsabilidades em casos de homicídio ou de divórcio?

Mas, sobretudo, a prática e a mentalidade das pessoas mantiveram muito da estrutura hierarquizada de poder a que o Código Civil de 1966 dava expressão legal exemplar. Sociologicamente, a família pode ser considerada como sede e fonte de relações desiguais de poder. Isso tem aliás sido reconhecido por instâncias internacionais (Nações Unidas, do Conselho da Europa e da União Europeia, designadamente). Por isso também muitos textos de Direito Internacional Convencional (como aliás a nossa Constituição, quanto às crianças)

---

[142] *Vide*, sobre este ponto, BELEZA, Teresa Pizarro (1989), *Maus Tratos Conjugais: o Art. 153.º, 3 do Código Penal*, Lisboa: Associação Académica da Faculdade de Direito de Lisboa.

[143] Acórdão de 11 de Março de 1987, *in BMJ*, n.º 365, p. 405.

[144] Acórdão do Supremo Tribunal de Justiça de 18 de Outubro de 1989, publicado no *BMJ* n.º 390, de Novembro de 1989.

insistem na necessidade de proteger as pessoas dentro da família – e até mesmo na sua formação (liberdade de contrair casamento, por exemplo).

O estudo do Código Civil de 1966 e de outra legislação há muito revogada não é questão inútil ou ultrapassada. Pelo contrário, tenho por certo que é um trabalho de análise essencial à compreensão do discurso jurídico actual.

Os anos 60 foram, aliás, do ponto de vista da situação legal das mulheres, bastante significativos e em alguma medida curiosamente contraditórios. Por um lado, a lei do trabalho declara a igualdade salarial (Convenção n.º 100 da Organização Internacional do Trabalho (OIT) relativa à igualdade de remuneração entre mão-de-obra masculina e a mão-de-obra feminina em trabalho de valor igual, adoptada em 1951 e a Convenção n.º 111 da OIT, sobre a discriminação em matéria de emprego e profissão, adoptada em 1958). Em 1968[145], o voto para a Assembleia Nacional passa a ser direito das mulheres em condições idênticas às dos homens. Mas, por outro lado, o Código Civil de 1966 dá ao marido a chefia da família e poderes sobre a vida laboral-contratual da mulher. Em 1969, as mulheres deixam de precisar de autorização marital para sairem do país. Mas o Código Civil obriga-as a adoptarem a residência do marido, salvo casos excepcionalíssimos. A revisão constitucional de 1971 (Governo de MARCELO CAETANO) altera o art. 5.º, eliminando um dos fundamentos constitucionais de discriminação em função do sexo: o bem da família. Curiosamente, permaneceu o outro fundamento: a natureza das coisas (da mulher), conservando a Constituição a expressão "salvas, quanto à mulher, as diferenças resultantes da sua natureza".

---

[145] Lei n.º 2137, de 26 de Dezembro de 1968, que proclama a igualdade de direitos políticos do homem e da mulher. Mas subsistem desigualdades nas eleições locais, em que só os chefes de família detinham direito de voto para as juntas de freguesia.

O homem não teria uma "natureza" digna de assinalar. Seria o ponto fixo, neutro, em relação ao qual a mulher era construída como *diferente*, como *outro*, um ser marcado pela alteridade também no próprio texto constitucional. Essa alteridade seria definida em função de uma natureza genérica, comum a todas as mulheres ("a mulher"), que assim se oporiam ao universo dos homens/indivíduos, não determinados por uma "natureza". A *assimetria* da construção social da diferença, neste sentido, pode ser vista também aqui[146].

Se é verdade que a discriminação económica é reforçada pela discriminação social e política, a inversa também é verdadeira. O Direito foi – e ainda é, em alguns países – um poderoso factor de discriminação.

A compreensão teórica de um sistema discriminatório implica portanto a observação das práticas jurídicas, sociais, económicas, políticas, culturais que permitem ou incentivam uma sistemática *desvalorização* das pessoas do sexo feminino. A cumulação dessas várias práticas tem um efeito multiplicador, reforçando-se entre si na legitimação que produzem de uma certa forma de ver e de viver. Um dos aspectos mais importantes dessa legitimação é certamente a perpetuação de uma certa forma de *percepção da diferença* entre os seres humanos, seja qual for o "pretexto" dessa diferença: a raça, a etnia, a religião, os hábitos de vida, o género feminino ou masculino.

Em fases diferentes da evolução juridico-política, o Direito tende a assumir um papel inverso, como repositório de normas antidiscriminação: proibições legais de discriminação, sujeição a controlo jurisdicional das normas e práticas discriminatórias. Mas em geral isto acontece nos países mais desenvolvidos, em que a valorização económica do trabalho feminino e, em geral, a consideração do valor das pessoas é já teoricamente vista de uma forma igualitária.

---

[146] *Vide*, sobre este ponto, AMÂNCIO, Lígia (1998).

O Direito, conforme Sunstein afirma, é responsável por boa parte da *cidadania de segunda classe* que é própria das mulheres em todo o mundo. Mas não é certamente seu único autor. Muitos outros discursos e práticas, desde as tradições e costumes às religiões e às ciências, comungaram da feitura dessa diferenciação hierarquizada.

Isto significa que o Direito também contribuiu para a formação do conceito *mulher* (e, por "reflexo", *homem*) e para a compreensão das mulheres enquanto grupo. Incindível dessa formação é a sua subordinação ao outro grupo, o dos homens. Embora em boa verdade essa construção jurídica seja, tenha sido, fragmentária e não linear, os textos legais comungam com frequência da crença de que há suficiente homogeneidade no grupo *mulheres* para que elas possam ser referidas enquanto grupo, enquanto categoria.

Já afirmei que se olharmos para as várias Ordenações do Reino, ou mesmo para textos tão (comparativamente) recentes como o do Código Penal de 1886 ou o Código Civil de 1966, veremos que as mulheres têm estatutos muito diferentes, consoante a classe ou a religião (Ordenações) ou, de sobremaneira, consoante a sua relação com os homens (casadas ou solteiras, virgens ou não, núbeis – como nos citados Códigos).

Mas já uma obra como a de Ruy Gonçalves, escrita e publicada em 1557[147], pretende demonstrar como *as mulheres* são favoritas do Direito, que lhes concede, segundo este autor, inúmeros privilégios. A obra de Ruy Gonçalves insere-se numa tradição de livros aparentemente defensores da *causa feminina*, ainda que frequentemente

---

[147] Sobre este livro pode ver-se Pinho, Sebastião Tavares de (1986), "O Primeiro Livro 'Feminista' Português (Século XVI)" *in Colóquio A Mulher na Sociedade Portuguesa. Visão Histórica e Perspectivas Actuais. Actas*, Coimbra: Instituto de História Económica e Social da Faculdade de Letras, pp. 203-221. Coimbra 1986. E ainda as referências muito interessantes que lhe faz A. M. Hespanha, em "El Estatuto Jurídico de la Mujer en el Derecho Común Clásico", já citado.

em termos ambíguos de indefinição entre *privilégio* e subordinação. Essa tradição emerge esporadicamente de um panorama bem mais visível e dominante de doutrinação da naturalidade da sujeição das mulheres aos homens, ora justificada pela diferença de capacidades, ora baseada na necessidade de protecção. Em qualquer caso, como afirma ANTÓNIO M. HESPANHA, o verdadeiro objectivo do autor seria obter o favor real, e a circunstância de se tratar de uma rainha tê-lo-ia levado à escolha do tema tratado[148].

Na verdade, o Direito agrupa e reagrupa as mulheres segundo vários critérios e com diferentes objectivos, consoante o contexto. Isto não significa apenas que a discriminação é *multifactorial* – ou seja, que uma pessoa pode ser discriminada por ser mulher, negra, idosa, pobre, imigrante, homossexual – mas também que:

- pode verificar-se um efeito *cumulativo* discriminatório, aliás frequente, como já referi, mas esse efeito pode também ser criador de novas categorias discriminatórias, no sentido em que as "mulheres de raça negra" ou "as mulheres idosas" ou as "mulheres portadoras de deficiência", podem ser objecto de discriminação que não seja compreensível em termos cumulativos, mas "alternativos", o que juridicamente pode criar problemas, pouco menos que insolúveis;
- a *identidade* das pessoas é marcada e conotada com todas essas características, embora uma ou outra possa ser vista como primordial, em certas circunstâncias ou contextos;
- sobretudo, na realidade o Direito *não* divide as pessoas em apenas dois grupos estanques ("homens", "mulheres"), mas em vários grupos que poderiam ser representados graficamente como círculos secantes; e não obstante, o Direito *parece*, à semelhança de outras práticas e discursos, estabelecer essa distinção primordial, raciocinando num para-

---

[148] Cf. HESPANHA, António Manuel (2001).

digma dualista essencial, *mesmo quando se esforça por determinar a essencial irrelevância da diferença entre os grupos* (ou, melhor, os membros dos grupos) assim determinados. Quando, por exemplo, desenha preceitos como o do art. 13.º da Constituição. Ou quando recebe na lei ordinária (Código do Trabalho, Código Penal, Código Civil, Lei Eleitoral, Lei do Desporto) de diversas maneiras os comandos constitucionais, internacionais ou comunitários de não discriminação.

Em geral, as regras de Direito não definem o que sejam homens ou mulheres. Não deixa de ser curioso que a larga maioria dos diplomas de diversas origens *pressuponha* a clareza e delimitação desses conceitos, como se se tratasse de qualquer coisa de tal modo óbvia que não necessitaria de explicação. Talvez o peso da tradição justifique essa ausência, porque o conceito de mulher e a sua extensão preocupou, de facto, os juristas antigos[149].

Exemplo raro é o do Protocolo de 2003 (dito de Maputo) Adicional à Carta Africana dos Direitos Humanos e dos Povos[150]:

---

[149] *Vide*, por exemplo, HESPANHA, António Manuel (1995), "O Estatuto Jurídico da Mulher na Época da Expansão" *in* O Rosto Feminino da Expansão Portuguesa, Actas do Congresso Internacional Realizado em Lisboa em 21-25 de Novembro de 1994, Vol. I, Lisboa: Comissão para a Igualdade e para os Direitos das Mulheres, e HESPANHA, António Manuel (2001). Questão interessante seria a discussão da inclusão ou não de prostitutos (homens) na palavra "prostituta" usada no Código Penal de 1982 na definição do crime de lenocínio (art. 215.º, n.º 2), à semelhança do exemplo analisado no último dos referidos textos de ANTÓNIO M. HESPANHA (punição de bruxas [*Decretum* de Graciano] e mulheres que vociferam habitualmente [Ordenações Filipinas, I. 74, 20] o que incluiria homens, sendo o feminino usado pela dominância "estatística" das mulheres nessas práticas ou usos). Na revisão de 1995, o Código Penal deixou de incluir essa palavra, tendo o preceito sido alterado e gramaticalmente "neutralizado" (art. 169.º, n.º 1). A expressão "outra pessoa" – que exerça a prostituição – substituiu a referência a "prostituta", tendo também desaparecido a alusão ao "ganho imoral" (de prostituta).

[150] Adoptada pela décima-oitava Conferência de Chefes de Estado e de Governo dos Estados-membros da Organização de Unidade Africana, a 26 de

> *"Article 1*
>
> *Definitions*
>
> *For the purpose of the present Protocol:*
>
> *(...) "Women" means persons of female gender, including girls"*

Mas esta definição, em todo o caso, parece claramente existir apenas para acentuar que as *raparigas* também estão incluídas no conceito "mulheres" quando esta expressão é utilizada pelo Protocolo. Além disso, é puramente *remissiva*. A referência às "pessoas do género feminino" não acrescenta nada de substancial à expressão "mulheres", uma vez que apenas desloca a questão para o problema de saber o que são "pessoas do género feminino". Conhecidas a história, a origem e conhecido o contexto da criação do Protocolo em causa, está fora de questão a hipótese de haver aqui um subtil reenvio para o conceito de *género* como coisa diversa de *sexo*. Não é crível que o objectivo desta definição seja problematizar a circunscrição da pertença ao grupo "mulheres" dos seres humanos que, biologicamente masculinos, por hipótese, adoptem um papel socialmente marcado como próprio do *género* feminino.

O outro contexto em que se colocou não tanto directamente a questão da definição de "mulher" (ou "homem"), mas de "género", foi o *lugar argumentativo* das negociações do Estatuto de Roma do Tribunal Penal Internacional (permanente)[151]. A inclusão da palavra

---

Junho de 1981, em Nairobi, no Quénia. O Protocolo adicional a esta Carta, relativo aos Direitos das Mulheres, foi adoptado em Maputo, em Julho de 2003.

[151] Publicado, por exemplo, em ESCARAMEIA, Paula (2003), *Colectânea de Leis de Direito Internacional*, 3.ª ed., Lisboa: Instituto Superior de Ciências Sociais e Políticas. *Vide*, na matéria, ESCARAMEIA, Paula (2001), "Quando o Mundo das Soberanias se Transforma no Mundo das Pessoas: O Estatuto do Tribunal Penal Internacional e as Constituições Nacionais", *Themis, Revista da Faculdade de Direito da Universidade Nova de Lisboa*, Ano II, n.º 3, 2001, pp. 143-182.

gender foi receada por alguns Estados (como a Santa Sé e alguns Estados "árabes") envolvidos no processo, por poder conotar alguma perturbação da divisão natural, estanque e imutável das pessoas em "géneros" masculino e feminino[152].

15. Uma proposta de modelos de sistemas jurídicos em matéria de relações de género

A atitude e o papel do Direito no que diz respeito ao relacionamento entre homens e mulheres no nosso sistema cultural foi-se alterando e varia ainda significativamente em termos geográficos na nossa contemporaneidade. O Direito teve historicamente um papel variável, por vezes ambíguo, no que diz respeito à posição relativa dos homens e das mulheres e às hierarquias que estabeleceu entre várias classes (essas e outras) de pessoas.

Por um lado, a forma como o Direito positivo toma conta da distinção (para a sustentar ou para a eliminar) entre os dois sexos cuja existência reconhece é variável. Consoante o contexto e a época, a primordialidade dos preceitos jurídicos nesta área ou a *desregulação* podem ter graus muito diversos.

Por outro, substancialmente, o objectivo do Direito – mais ou menos actor principal, mais ou menos cúmplice secundário de outros discursos e práticas – vai-se alterando de forma significativa. De modelos fortemente discriminadores a modelos claramente anti-dis-

---

Sobre a importância do Tribunal Penal Internacional para o aperfeiçoamento do Estado de Direito a nível mundial, pode ver-se ainda AMARAL, Diogo Freitas do (2002), *Do 11 de Setembro à Crise do Iraque*, Lisboa: Bertrand Editora, pp. 71 e ss.

[152] ANJINHO, Teresa (2006), "A Violência de Género no Estatuto de Roma do TPI", separata do Volume Especial 2006 da revista *Direito e Justiça*, pp. 163--201, e OOSTERVELD, Valerie (2005), "The Definition of 'Gender' in the Rome Statute of the International Criminal Court: A Step Forward or Back for International Criminal Justice?", *Harvard Human Rights Journal*, Vol. 18, Spring 2005.

criminatórios, a posição que o Direito vai ocupando enquanto um dos centros produtores de diferenciação ou assimilação/paridade comporta variações históricas e geográficas profundas.

Nas sociedades democráticas do século XXI, de tipo ocidental, em que o regime se pode descrever como de Estado de Direito democrático, a tendência evidente é substituir um modelo antigo de Direito *discriminador* por um modelo contemporâneo de Direito *igualitário*. Mas esta evolução não é linear nem isenta de hesitações ou sobressaltos, nem é idêntica nos vários países, dependendo em larga medida de factores locais contingentes (por exemplo, processos de democratização variáveis, situação política e económica diferenciada, tradições culturais e religiosas diversas) e implicando frequentemente estádios intermédios, em que os legisladores hesitam quanto ao âmbito e sentido do saneamento do ordenamento jurídico no que diz respeito à desigualdade (para este efeito, entre homens e mulheres).

Podemos pensar em três fases – ou, talvez melhor, três MODELOS (à semelhança por exemplo de MIREILLE DELMAS-MARTY, na sua descrição dos modelos de política criminal). Trata-se de modelos ideais, como é aliás próprio dos modelos, sendo que os sistemas reais podem conter traços de mais do que um, e a evolução pode não ser linear. Mas julgo que poderá, porventura depois de maiores desenvolvimentos, ser uma ferramenta analítica interessante para pensar as regras de Direito no que respeita à regulação das relações de género (de raça, de sexualidade...). São eles: o Direito "discriminador", o Direito "neutro" e o Direito "anti-discriminador".

1. Direito "discriminador"

(E não "apenas" discriminatório"; uso discriminador para acentuar o papel activo, construtivo, do Direito nas relações desiguais).

As características marcantes deste modelo são:
a) Acentuada distinção entre esfera pública e privada. Correspondência daquela ao sexo masculino e desta ao feminino.

Na coisa pública (*Res Publica*): atribuição da Nacionalidade, acesso à incorporação nas Forças Armadas, participação no Governo da República; direito de voto, direito de ser eleita e nomeada. Nestes vários campos, a exclusão das mulheres pode ser expressa ou implícita.

No mercado de trabalho: proibições explícitas (de acesso a certas profissões) e *hábitos de vida política e profissional* que na prática vedam certos trabalhos ou empregos ou profissões e carreiras, às mulheres. De entre as proibições expressas, recordem-se as que vedavam às mulheres, antes de 1974, a magistratura judicial, a carreira no Ministério Público, ou a prática profissional da diplomacia. Ou as limitações ao estatuto pessoal (por exp., professoras primárias, enfermeiras e hospedeiras não podiam casar: a mulher tinha de escolher entre ser mulher de família e ser mulher profissional numa carreira que exigia dedicação "a tempo inteiro").

Na família: vista como pertencendo à esfera "privada", mas na verdade estritamente regulada pela autoridade do Estado. Marido é autoridade na família. Marido representa o Estado na Família (chefe de família, poder de decisão em tudo o que é importante) e representa Família no Estado (só ele vota e só ele pode governar). Regras do Código Civil, mesmo na versão de 1966, não admitem qualquer outra concepção de família.

b) Forte hierarquia entre mulheres e homens nos meios em que convivem – designadamente, no seio da família. Também no seio das profissões públicas: esse era o sentido da proibição de acesso das mulheres a cargos de chefia na administração local, que ainda hoje parece marcar a baixa taxa de feminização no poder local.

c) Restrição da capacidade jurídica das mulheres, baseada na sua fraqueza de entendimento, na sua necessidade de protecção ou na ideia de harmonia familiar, incompatível com associação entre iguais. A família é concebida como uma sociedade de desiguais.

2. Direito "neutro"

Revogação de legislação claramente *discriminatória:* no campo da República (voto, nacionalidade), do mercado (contratos de trabalho, profissões) e da família (desigualdade cônjuges, poderes quanto a filhos, abolição distinção entre filiação legítima e ilegítima). Este tipo de normas começa a surgir em Portugal antes de 1974 (por exemplo, voto feminino para a Assembleia Nacional em 1968; ou a revogação da norma que exigia autorização do marido para a mulher sair do país, em 1969[153]), mas é essencialmente com a Revolução de 1974 que a legislação discriminatória é revogada em bloco, designadamente com a entrada em vigor da Constituição de 1976. Mas mesmo antes disso alguns exemplos mais chocantes de normas discriminadoras sexistas são expressamente revogados, como por exemplo o preceito do Código Penal que concede a quase impunidade ao marido que mata a mulher em flagrante adultério, revogado em 1975.

3. Direito anti-discriminador, igualitário ou igualizador

Proibição de normas discriminatórias, aceitação progressiva da chamada *discriminação positiva* – ou, como será preferível dizer, "medidas temporárias" de correcção, como insiste o Comité CEDAW –, programas de incentivos a uma *efectiva igualdade de oportunidades.* Reconhecimento do Direito como instrumento privilegiado para a correcção de desigualdades.

Por vezes, o Direito evolui não do segundo para o terceiro modelo, mas do terceiro para o segundo: veja-se o que se passou com as leis portuguesas sobre não discriminação no trabalho e no

---

[153] Decreto-Lei n.º 49 317, de 25 de Outubro de 1969.

emprego, entre 1979 e 1984[154]. A primeira lei é clara quanto ao facto de o seu objectivo ser o desfazer da *discriminação contra as mulheres*; a segunda já utiliza uma linguagem mais neutra, referindo--se à não discriminação entre os sexos como se o problema fosse *sinalagmático*.

Em outras áreas, a legislação evoluiu no sentido de determinação específica do sexo destinatário, como no caso das leis que oferecem protecção às *mulheres* vítimas de violência ou que concedem certos poderes de representação (por exemplo, a legitimidade para constituição como assistente em processo crime às associações defensoras dos direitos das mulheres).

Note-se que as *regras de legística* contidas na versão do Regimento do Conselho de Ministros dada pelo XVII Governo Constitucional[155] estabelecem, no art. 15.º, sob a epígrafe "Linguagem não discriminatória", o seguinte:

"Na elaboração de actos normativos deve neutralizar-se ou minimizar-se a especificação do género através do emprego de formas inclusivas ou neutras, designadamente através do recurso a genéricos verdadeiros ou à utilização de pronomes invariáveis."

Dadas as regras gramaticais da língua portuguesa, a tarefa não parece fácil.

---

[154] BELEZA, Teresa Pizarro (1997), "Desigualdade e Diferença no Direito Português" in *A Mulher e a Sociedade, Actas dos 3.ºs Cursos Internacionais de Verão de Cascais*, Julho de 1996, Cascais: Câmara Municipal, pp. 179-190.

[155] Resolução do Conselho de Ministros n.º 64/2006, *Diário da República – I série-B*, n.º 96, 18 de Maio de 2006, com as alterações que lhe foram introduzidas pela Resolução do Conselho de Ministros n.º 198/2008, de 30 de Dezembro de 2008. Anexo II, "Regras de Legística na elaboração de actos normativos pelo XVII Governo Constitucional".

Como exemplo de Direito baseado neste modelo anti-discriminador, talvez o actual sistema espanhol seja um bom candidato. A *Ley de Igualdad* espanhola[156] estabelece um sistema integrado de regras relativas à igualdade entre sexos que abarca uma série de questões habitualmente tratadas – quando e nos sistemas em que o são – em diplomas distintos e de forma menos sistemática e ampla. Aproveitando a oportunidade da necessidade de transposição de algumas directivas comunitárias, o governo do PSOE (Primeiro-Ministro ZAPATERO) promoveu a aprovação pelas Cortes de um diploma não só muito mais completo e abrangente do que na generalidade dos outros países, mas também baseado numa ideia bastante avançada de igualdade.

16. Algumas linhas de força do que estudaremos

I. Discriminação e igualdade. Necessidade de questionar os conceitos que pre-ordenam o nosso discurso sobre discriminação (por exp: O que é uma "mulher"? O que é a "raça"? Em que consiste a "orientação sexual"?). Crítica do "Paradigma Igualitário". Igualdade, diferença e hierarquia (dominação). A discriminação como subordinação.

II. Pretextos de discriminação. Textos, pretextos e pré-textos. Ilusões, polissemias e semântica. Sexo, género, raça, etnia, sexualidade, regulação. Relações sociais e Direito.

III. A multiplicidade de produções discursivas na criação de identidades subalternas, normalmente sob a forma de dicotomias hierarquizadas. A tradição da Filosofia Clássica e

---

[156] *Ley Orgánica 3/2007, de 22 de marzo, para la igualdad efectiva de mujeres y hombres*, publicada no *Boletín Oficial del Estado*, n.º 71, de 23 de Março de 2007, pp. 12611 e ss. *Vide*, sobre este diploma, FERNÁNDEZ, María Rosario Valpuesta (2007), "La Ley Orgánica para la Igualdad Efectiva de Mujeres y Hombres", *Teoria & Derecho*, Junho /Dezembro de 2007, pp. 265-287.

do Direito Romano. A tradição judaico-cristã. As ciências e o naturalismo. A sua absorção pelo senso comum. O peso dos hábitos e tradições. Crenças religiosas e regimes de dominação social. Os movimentos de contestação das hierarquias discriminatórias: feminismos, anti-racismos, anti-homofobias.

IV. Tradições, crenças e multiculturalismo. *Is Multiculturalism Bad for Women?* O exemplo da mutilação genital feminina ou do suicídio por causa de honra. A figura das chamadas *cultural defenses* no Direito Penal.

V. Género e discriminações múltiplas. O entrecruzar das identidades e das práticas de dominação e desigualdade.

VI. O Direito como co-responsável (autor *principal*?) dos discursos e práticas discriminatórios. O Direito como "O Grande Discriminador"?

VII. O Direito poderá *redimir-se* (do seu passado discriminatório)? O Direito como igualizador, ou melhor, como instância anti-discriminatória. O Direito como "O Grande Anti-Discriminador"?

II. PROGRAMA

DIREITO DAS MULHERES E DA IGUALDADE SOCIAL
A CONSTRUÇÃO JURÍDICA DAS RELAÇÕES DE GÉNERO

PROGRAMA-INTRODUÇÃO

1. O que é o Direito das Mulheres?
2. Direito das Mulheres ou Direito da Igualdade social?
3. Direito das Mulheres *e* da Igualdade social: a construção jurídica das relações de género. Os factores múltiplos de discriminação e de identidade. Selecção: género, raça, orientação sexual.
4. Sexo, género, raça, etnia, orientação sexual. Relações sociais (ordem) de género, de raça, de sexo (sexualidade).
5. Igualdade e discriminação. Igualdade e diferença. Igualdade, sujeição e exclusão. Igualdade e identidade. Democracia e participação. Democracia e multiculturalismo.
6. Três modelos de sistemas jurídicos: Direito discriminador, Direito neutro e Direito anti-discriminador.
7. A multiplicidade de produções discursivas na criação de identidades dominadoras e subalternas. Os movimentos de contestação das hierarquias discriminatórias. O papel do Direito. O Direito como "O Grande Discriminador". O Direito como "O Grande Anti-Discriminador".

A – A DISCRIMINAÇÃO ENTRE HOMENS E MULHERES

1. O *paradigma igualitário*. Características e "problemas"

1.1. Homogeneíza abusivamente grupos heterogéneos.
1.2. Não questiona as categorias.
1.3. Toma as características e os grupos como coisas naturais e pré-dadas, não questionando o papel constitutivo do nosso olhar.
1.4. Reforça normativamente expectativas de comportamento "unitário".
1.5. Faz confluir e confunde a desigualdade e a diferença; não esclarece a "desigualdade assimétrica", *i e*, vertical, hierarquizada, ou seja, a subordinação.

2. A construção das *categorias discriminatórias*

2.1. A *diferença hierarquizada* é socialmente construída em variadas práticas e discursos.
2.2. O Direito é uma das instâncias em que as categorias são criadas (ao lado da Ciência, da Medicina, da Arte, da Cultura, da Religião, da Política e de outros discursos e práticas).
2.3. A importância das tradições, dos usos e costumes sociais; a multiplicidade de sistemas normativos de comportamento além das regras formais de Direito.

3. Os indicadores sociais

3.1. A participação política.
3.2. A segmentação do mercado de trabalho.
3.3. A situação demográfica e familiar.

3.4. A compatibilização do trabalho profissional e familiar.
3.5. A situação económica.

4. Algumas referências históricas

4.1. A tradição Aristotélica.
4.2. A família romana patriarcal.
4.3. A caracterização das mulheres no Direito Comum.
4.4. O imaginário do Antigo Regime: as pessoas classificadas por "estados".
4.5. A ausência das mulheres das Declarações revolucionárias de direitos (França, Estados Unidos).
4.6. Os escritos de MARY WOLLSTONECRAFT e de JOHN STUART MILL.
4.7. O séc. XIX: a moral Vitoriana; a influência dos Códigos de Napoleão.
4.8. Pronunciamentos teóricos sobre as mulheres: os exemplos de FREUD, ENGELS, A. BEBEL.

5. A evolução recente do Direito Português

5.1. O significado jurídico-político da Revolução de 1974: a Constituição de 1976 e a revogação/substituição do Direito ordinário discriminatório.
5.2. As revisões do texto constitucional; em especial, a redacção dos arts 9.º e 109.º.
5.3. A esfera pública e a participação política: o direito de voto e as regras de nacionalidade; em especial, a evolução até à "Lei da Paridade" (2006); o serviço militar.
5.4. A mulher na família: o Código Civil de 1867, as leis da República e o Código Civil de 1966; a revisão do Direito da Família e das Sucessões em 1977; a legislação sobre maternidade e paternidade; a lei sobre "uniões de facto" (2001).

5.5. O mundo do trabalho: as Convenções da OIT; a importância do Direito Comunitário nesta matéria; a evolução até ao Código do Trabalho de 2003 (em especial, as leis de 1979 e 1984 sobre igualdade no trabalho e no emprego) e a adopção da Lei n.º 7/2009, de 12 de Fevereiro; a legislação sobre maternidade e paternidade.

5.6. Crime e castigo: a regulação penal da família e do sexo; a progressiva "neutralização" dos preceitos penais, desde o Código Penal de 1852-86 até à actualidade (Código Penal de 1982, revisto múltiplas vezes; em especial em 1995, 1998, 2000 e 2007). Lei n.º 104/2009, de 14 de Setembro que aprova o regime de concessão de indemnização às vítimas de crimes violentos e de violência doméstica.

6. As organizações oficiais portuguesas

6.1. A extinta Comissão Parlamentar para a Paridade, Igualdade de Oportunidades e Família (Assembleia da República); substituída pela Subcomissão de Igualdade de Oportunidades e Família, posteriormente incluída na Comissão de Ética, Sociedade e Cultura.

6.2. O Alto Comissariado para as questões da promoção da igualdade e da família (Presidência do Conselho de Ministros), *extinto* em 2000; o Gabinete da Ministra para a Igualdade, *idem*.

6.3. A Comissão para a Igualdade no Trabalho e no Emprego – Ministério do Emprego e da Solidariedade; criada em 1979 para promover a execução das regras legais sobre não discriminação no trabalho.

6.4. A Comissão para a Cidadania e Igualdade de Género, que sucedeu à anteriormente dita Comissão para a Igualdade e os Direitos das Mulheres, absorvendo também a "Estrutura de Missão Contra a Violência Doméstica" – Presidên-

cia do Conselho de Ministros; a origem está no organismo criado (legalmente institucionalizado, mas já em funcionamento) em 1977, com o nome de Comissão da Condição Feminina.
6.5. A Secretaria de Estado da Igualdade criada no âmbito do XVIII Governo Constitucional.

7. As políticas governamentais, em especial o desenvolvimento de "Planos Nacionais"

7.1. Os "Planos Nacionais Para a Igualdade" (III aprovado em 22 de Junho de 2007).
7.2. Os "Planos Nacionais Contra a Violência Doméstica (III aprovado em 22 de Junho de 2007).
7.3. O Plano Nacional Contra o Tráfico de Pessoas (I aprovado em 22 de Junho de 2007).
7.4. A adopção da política de *mainstreaming*.

8. As Organizações não governamentais

8.1. A legislação sobre as Associações de Mulheres (Lei n.º 95/88, de 17 de Agosto[157]; Lei n.º 10/97, de 12 de Maio[158]; Lei n.º 128/99, de 20 de Agosto[159]); os poderes concedidos às associações.

---

[157] Esta lei estabelece os direitos de actuação e participação das associações de mulheres.

[158] Este diploma reforça os direitos das associações de mulheres "com o objectivo de eliminar todas as formas de discriminação e assegurar o direito à igualdade de tratamento" (art. 1.º).

[159] Primeira alteração à Lei n.º 10/97, de 12 de Maio (reforça os direitos das associações de mulheres), e segunda alteração à Lei n.º 108/91, de 17 de Agosto (Conselho Económico e Social), com a redacção dada pela Lei n.º 80/98, de 24 de Novembro.

8.2. A APMJ (Associação Portuguesa de Mulheres Juristas), a APEM (Associação Portuguesa de Estudos sobre as Mulheres), a Amonet (Associação Portuguesa de Mulheres Cientistas).
8.3. O MDM (Movimento Democrático de Mulheres), a UMAR (União de Mulheres Alternativa e Resposta), a IF (Intervenção Feminina), a Associação de Mulheres Contra a Violência, a Associação Mulheres em Acção.

NB: junto da CIG funciona, com funções consultivas, um Conselho formado por representantes de ONGs.

9. Os movimentos feministas e a criação académica do *Women's Law*

9.1. Os movimentos feministas; a variação e multiplicidade dos Feminismos.
9.2. As chamadas *vagas* do Feminismo internacional (anglo-americano).
9.3. A I República (1910-1926) e o Estado Novo. O Feminismo português republicano; a luta pelo voto e e pela educação; ANA DE CASTRO OSÓRIO, CAROLINA BEATRIZ ÂNGELO, MARIA VELEDA... MARIA LAMAS, ELINA GUIMARÃES; o episódio das "Três Marias" (*Novas Cartas Portuguesas*, de MARIA ISABEL BARRENO, MARIA TERESA HORTA e MARIA VELHO DA COSTA) como símbolo da passagem para a democracia.
9.4. Algumas obras importantes das teorizações feministas: de MARY WOLSTONECRAFT a VIRGINIA WOOLF, SIMONE DE BEAUVOIR, BETTY FRIEDAN, KATE MILLET, SHULAMITH FIRESTONE, GERMAINE GREER, ELISABETH BADINTER, CAROL SMART, CATHERINE MACKINNON.
9.5. A entrada das mulheres na Academia, em especial no Direito.

9.6. Os *Women Studies*; a disseminação de estudos sobre Mulheres e Direito, Género e Direito ou sobre Discriminação e Igualdade.
9.7. A consciência da injustiça da discriminação em função do sexo.
9.8. A discussão em torno da relevância do Direito.

10. O Direito como instância igualitária, anti-discriminatória

10.1. As proibições constitucionais de discriminação.
10.2. Os conceitos de igualdade e de discriminação: discriminação "negativa" e "positiva"; discriminação directa e indirecta; discriminação cumulativa e intersectorial; igualdade jurídica e igualdade social.
10.3. O Direito Comunitário (em especial, a Directiva 2006//54/CE do Parlamento Europeu e do Conselho, de 5 de Julho, relativa à aplicação do princípio da igualdade de oportunidades e igualdade de tratamento entre homens e mulheres em domínios ligados ao emprego e à actividade profissional). O Tratado de Amesterdão (art. 13.º, em especial) e o Tratado de Lisboa; a evolução da jurisprudência e da legislação comunitárias.
10.4. O Conselho da Europa: a jurisprudência do TEDH e as políticas de igualdade e não discriminação.
10.5. As leis ordinárias: Código Civil, Código Penal (ex. art. 240.º, "discriminação racial, religiosa ou sexual" – a Revisão de 2007 e a inclusão da discriminação sexual); leis do trabalho (a Lei n.º 7/2009, de 12 de Fevereiro que aprova a revisão do Código do Trabalho e o Decreto--Lei n.º 89/2009, de 9 de Abril, que regulamenta a parentalidade no regime de protecção social convergente);
10.6. A "Lei da Paridade" (Lei Orgânica n.º 3/2006, de 21 de Agosto, que estabelece que as listas para a Assembleia da República, para o Parlamento Europeu e para as

autarquias locais são compostas de modo a assegurar a representação mínima de 33% de cada um dos sexos);

10.7. A Lei n.º 14/208, de 12 de Março que proíbe e sanciona a discriminação em função do sexo no acesso a bens e serviços e seu fornecimento, transpondo para a ordem jurídica interna a Directiva 2004/113/CE, do Conselho, de 13 de Dezembro

10.8. As instâncias de controlo (Tribunal Constitucional, tribunais, Provedor de Justiça, CITE, CIDM, agora CIG...).

11. O papel das instâncias internacionais

11.1. Um pouco de história: a *Déclaration des Droits de la Femme et de la Citoyenne* (França, 1790) e a *Declaration of Sentiments* (Seneca Falls, USA, 1848).

11.2. A Carta das Nações Unidas, a Declaração Universal dos Direitos Humanos (ONU, 1948); o Pacto Internacional sobre os Direitos Civis e Políticos (1966) e o Pacto Internacional sobre os Direitos Económicos, Sociais e Culturais (1966).

11.3. As Convenções específicas sobre mulheres anteriores à CEDAW.

11.4. A *Convenção sobre a eliminação de todas as formas de discriminação contra as Mulheres* (ONU, 1979); o Protocolo facultativo a esta Convenção (adoptado pela Assembleia Geral das Nações Unidas em 6 de Outubro de 1999, em vigor desde 22 de Dezembro 2000); o trabalho do Comité CEDAW, em especial as decisões sobre participações (queixas) individuais.

11.5. As Conferências mundiais promovidas pela ONU: México, Copenhaga, Nairobi, Beijing; a Plataforma de Beijing e posteriores desenvolvimentos.

11.6. A Convenção Europeia para a Protecção dos Direitos Humanos e das Liberdades Fundamentais (Conselho da

Europa, 1950); a Carta Social Europeia (Conselho da Europa, 1961); a Carta Social Europeia Revista (Conselho da Europa, 1996). A Declaração de Istambul sobre a igualdade entre as mulheres e os homens como critério fundamental da democracia (Conselho da Europa, Novembro de 1997); o TEDH.

11.7. A União Europeia: o Direito dos tratados, as políticas para a igualdade, os Programas de acção, as Directivas, a Jurisprudência do Tribunal das Comunidades;

11.8. O Direito Internacional Penal: a violência contra as mulheres e a questão do género na jurisprudência e nos Estatutos dos tribunais internacionais. Em especial, o Estatuto do Tribunal Penal Internacional Permanente.

12. Algumas questões em especial

12.1. A violência *sexualizada*, a esfera pública e a esfera privada: os maus-tratos, a violação ou coação sexuais (Código Penal e Lei n.º 61/91, de 13 de Agosto, que visa garantir protecção adequada às mulheres vítimas de "violência discriminatória"; a Lei n.º 104/2009, de 14 de Setembro, que aprova o regime aplicável ao adiantamento pelo Estado das indemnizações devidas às vítimas de crimes violentos e de violência doméstica).

12.2. A pornografia: violência ou liberdade de expressão?

12.3. A mutilação genital: violação de direitos ou reconhecimento do carácter multicultural da sociedade portuguesa?

12.4. A prostituição: regulação e desregulação legais; "prostitutas" e "trabalhadoras do sexo"; soluções no Direito Comparado; tráfico e lenocínio.

12.5. O assédio e o mercado do trabalho.

12.6. O controlo da natalidade. A evolução legal da regulação da interrupção da gravidez e da procriação assistida (Lei n.º 32/2006 de 26 de Julho, que regula as técnicas de

procriação medicamente assistida); medidas de apoio à maternidade.
12.7. O serviço militar.

B. A DISCRIMINAÇÃO ENTRE OUTRAS CLASSES DE PESSOAS

13. Discriminação em função da "orientação sexual" da criminalização da homossexualidade ao reconhecimento legal das uniões de facto entre pessoas do mesmo sexo

13.1. Dos *actos contra natura* (ou dos actos não conducentes à procriação) à criação do *sujeito homossexual*. A obra de Michel FOUCAULT.
13.2. Homofobia e sexismo. Relação entre o sistema de castas (estados), baseado no género e o sistema de castas baseado na sexualidade (orientação sexual). A obra de M. FOUCAULT, J. WEEKS, A. GIDDENS, P. BOURDIEU, M. NUSSBAUM, C. SUNSTEIN...
13.3. Incriminação e medicalização; a aplicação de medidas de segurança.
13.4. A proibição de discriminação; a Constituição da República, a Revisão de 2003. A Lei sobre uniões de facto (Lei n.º 135/99, de 28 de Agosto – pessoas de sexo diferente; Lei n.º 7/2001, de 11 de Maio – pessoas do mesmo sexo ou de sexo diferente).
13.5. O Direito Internacional e o Direito Comunitário e Europeu.
13.6. As decisões do Tribunal Constitucional português (Código Penal, homossexualidade com adolescentes, versão anterior a 2007) e do TEDH; a revisão do Código Penal de 2007: relevância da discriminação em função da orientação sexual.

13.7. Referência à jurisprudência do Tribunal Constitucional sul-africano, em especial sobre incriminação da sodomia e casamento de pessoas do mesmo sexo.
13.8. O estado actual da discussão: Do reconhecimento (atribuição de relevância jurídica) das *uniões de facto* à discussão sobre o direito a casar e a adoptar crianças.

14. Discriminação em função da "raça" – da criação jurídica de estatutos raciais à repressão legal do racismo

14.1. Conceito de racismo/raça. Um fenómeno de todos os tempos e lugares? Um fenómeno associado ao Colonialismo? A convergência dos discursos científicos na criação do racismo oitocentista.
14.2. A distinção entre grupos baseada na religião ou na etnia. A história portuguesa. Histórias recentes. A escravatura e a segregação racial nos EUA e na África do Sul (1948- -1990).
14.3. O Direito Internacional e a luta contra o racismo. As Nações Unidas. A *ressaca* da 2.ª Guerra. A descolonização. A Carta das Nações Unidas, a Declaração Universal dos Direitos Humanos, os Pactos Internacionais, a Convenção para a Eliminação de Todas as Formas de Discriminação Racial, adoptada pela resolução 2106 (XX) da Assembleia Geral das Nações Unidas, de 21 de Dezembro de 1965.
14.4. O Conselho da Europa. A ECRI (*European Commission against Racism and Intolerance*).
14.5. A União Europeia. A Directiva 2000/43/CE do Conselho, de 29 de Junho, que aplica o princípio da igualdade de tratamento entre as pessoas, sem distinção de origem racial ou étnica. A *Fundamental Rights Agency*, que absorveu o *European Monitoring Centre on Racism and Xenophobia*.
14.5. O Direito português de origem interna. A Constituição da República. A Lei n.º 134/99, de 28 de Agosto, que

proíbe as discriminações no exercício de direitos por motivos baseados na raça, cor, nacionalidade ou origem étnica, e o Decreto-Lei n.º 111/2000, de 4 de Julho, que a regulamenta. A transcrição da Directiva 2000/43/CE (Lei n.º 18/2004, de 11 de Maio[160]).

14.6. Proibições legais de discriminação em função da raça ou etnia.

14.7. A criminalização da discriminação nacional, racial ou religiosa: Código Penal, art. 240.º (Discriminação racial, religiosa ou sexual). A Lei penal relativa às violações do direito internacional humanitário, contida (publicada em anexo) na Lei n.º 31/2004, de 22 de Julho, que adapta a legislação penal portuguesa ao Estatuto do Tribunal Penal Internacional, tipificando as condutas que constituem crimes de violação do direito internacional humanitário, com as alterações que lhe foram introduzidas pela Lei n.º 59/2007, de 4 de Setembro.

14.8. A motivação por ódio racial, religioso (ou político) como agravante modificativa do crime de homicídio: art. 132.º (Homicídio qualificado) e das ofensas à integridade física qualificadas, art. 145.º.

14.9. A Lei n.º 20/96, de 6 de Julho (permite a constituição como assistente em processo penal no caso de crime de índole racista ou xenófoba por parte das comunidades de imigrantes e demais associações de defesa dos interesses em causa).

14.10. O Alto Comissariado para a Imigração e o Diálogo Intercultural (ACIDI), ex – ACIME.

---

[160] Transpõe para a ordem jurídica nacional a Directiva n.º 2000/43/CE, do Conselho, de 29 de Junho, que aplica o princípio da igualdade de tratamento entre as pessoas, sem distinção de origem racial ou étnica, e tem por objectivo estabelecer um quadro jurídico para o combate à discriminação baseada em motivos de origem racial ou étnica.

III. BIBLIOGRAFIA

Além do Programa da disciplina, indico aos alunos, no início de cada semestre, alguma bibliografia, especificando depois nas aulas as leituras a que devem prioritariamente proceder. Faço-o normalmente a propósito de cada assunto, dando indicações mais precisas, sugerindo outros títulos ou fontes, ou, em alguns casos, colocando na página electrónica da FDUNL textos que devem utilizar[161].

Outras sugestões de leitura são pontualmente feitas aos alunos para aprofundarem as matérias correspondentes aos diferentes aspectos do programa e para os incentivar na pesquisa necessária à elaboração dos trabalhos de investigação.

Esta é uma possível versão de uma lista com indicações básicas:

ALTO COMISSÁRIO PARA A IMIGRAÇÃO E MINORIAS ÉTNICAS (2002) (coord.), *Actas do Seminário Técnico sobre a Aplicação da Lei Anti-Discriminação*, Lisboa: ACIME.

AMORIM, António, *et al.* (1997), *O Que é a Raça? Um Debate entre a Antropologia e a Biologia*, Lisboa: Espaço OIKOS.

BELEZA, Teresa Pizarro (1997), "Desigualdade e Diferença no Direito Português" *in A Mulher e a Sociedade, Actas dos 3.ᵒˢ Cursos Internacionais de Verão de Cascais*, Julho de 1996, Cascais: Câmara Municipal, pp. 179-190.

---

[161] Como pode ser visto, quanto ao ano lectivo de 2007/2008 (primeiro semestre) em www.fd.unl.pt (Ensino, Direito da Igualdade Social).

BELEZA, Teresa Pizarro (2000), "Género e Direito: Da Igualdade ao 'Direito das Mulheres'", *Themis, Revista da Faculdade de Direito da Universidade Nova de Lisboa*, n.º 2, pp. 35-66.

BELEZA, Teresa Pizarro (2001), "Clitemnestra por uma Noite..." in *Panorama da Cultura Portuguesa no Século XX*, Porto: Afrontamento e Porto 2001 (Serralves).

BELEZA, Teresa Pizarro (2004), "Anjos e Monstros – A Construção das Relações de Género no Direito Penal", *Ex Aequo, Revista da Associação Portuguesa de Estudos sobre as Mulheres*, n.º 10 (Outubro de 2004), pp. 29-40.

BORRILLO, Daniel (1998) (coord.), *Homosexualités et Droit*, Paris: Presses Universitaires de France.

CARMO, Isabel do, e AMÂNCIO, Lígia (2004), *Vozes Insubmissas A História das Mulheres e dos Homens que Lutaram pela Igualdade dos Sexos Quando Era Crime Fazê-lo*, Lisboa: Dom Quixote.

COMMISSION OF THE EUROPEAN COMMUNITIES (2007), *Report from the Commission to the Council, the European Parliament, the Economic and Social Committee and the Commmittee of the Regions on Equality Between Men and Women 2007*, Brussels. COM (2007) 49 final.

DAHL, Tove Stang (1993), *O Direito das Mulheres. Uma Introdução à Teoria do Direito Feminista* (traduzido do original inglês de 1987 por Teresa Beleza *et al.*), Lisboa: Fundação Calouste Gulbenkian.

FREDMAN, Sandra (2001) (coord.), *Discrimination and Human Rights*, Oxford: Oxford University Press.

GARCIA, Maria da Glória (2005) "Poder e Direito no Feminino ou simplesmente Poder e Direito?" *in Estudos sobre o Princípio da Igualdade*, Coimbra: Almedina.

HESPANHA, António Manuel (2001), "El Estatuto Jurídico de la Mujer en el Derecho Común Clásico", *Revista Jurídica*. Universidad Autónoma de Madrid, n.º 4. Disponível *in* www.hespanha.net.

MACKINNON, Catharine A. (2005) *Women's Lives. Men's Laws*, Cambridge, Mass. and London: The Belknap Press of Harvard University Press.

MELO, Helena Pereira de (2007), *Implicações Jurídicas do Projecto do Genoma Humano. Constituirá a Discriminação Genética uma Nova Forma de Apartheid?*, vol. I, Porto: Serviço de Bioética e Ética Médica da Faculdade de Medicina do Porto (especialmente pp. 261-285 "Os Limites do Paradigma Igualitário" e pp. 459-587 "O Princípio da Igualdade no Direito Internacional").

MILL, John Stuart e MILL, Harriet Taylor (1970), *Essays on Sex Equality*, ed. Alice ROSSI Chicago: University of Chicago Press.

NUSSBAUM, Martha C., e GLOVER, Jonathan (1995) (coord.), *Women, Culture, and Development: a Study of Human Capabilities* Oxford: Clarendon Press.

PENTIKAINEN, Merja (1999), *The Applicability of the Human Rights Model to Address the Concerns and the Status of Women*, Lapland: Lapland's University Press.

— *Revista Crítica de Ciências Sociais,* n.º 76 (Dezembro de 2006).

SANTOS, Ana Cristina (2003), "Orientação Sexual em Portugal: para Uma Emancipação" *in Reconhecer para Libertar, Os Caminhos do Cosmopolitismo Multicultural* (coord.: Boaventura de Sousa Santos), Rio de Janeiro: Editora Civilização Brasileira.

SUNSTEIN, Cass (1995), "Gender, Caste and Law" *in* NUSSBAUM, Martha C., e GLOVER, Jonathan (1995) (coord.), *Women, Culture, and Development: a Study of Human Capabilities* Oxford: Clarendon Press.

VALA, Jorge (1999) (coord.), *Novos Racismos, Perspectivas Comparativas*, Oeiras: Celta Editora.

VICENTE, Ana (2002), *Os Poderes das Mulheres, Os Poderes dos Homens*, Lisboa: Gótica

IV. ENSINO

1. A Disciplina na organização do Curso de Direito

Um dos problemas que se colocam numa disciplina como *Direito das Mulheres* deriva do facto de haver alunos com preparação muito diferente a frequentar as aulas. Tanto podem ser alunos do início como do fim do curso. O mais comum é serem alunos no segundo ano de frequência, mas é vulgar ter também alunos mais avançados, por vezes finalistas. Na organização do Curso nos moldes criados para a adopção em Direito das exigências do chamado processo de Bolonha, a disciplina está atribuída ao I Ciclo, como disciplina de opção no terceiro semestre.

Em princípio, todos terão estudado Direito Constitucional, mas muitos ainda não terão frequentado – ou estarão a fazê-lo no mesmo semestre – disciplinas como Direito Internacional Público, Direito Comunitário, Direito da Família, Direito Penal ou Direito do Trabalho.

Como em relação a outras disciplinas, isto significa que há vantagens e inconvenientes em estudar Direito das Mulheres ou, em geral, Direito da Igualdade, antes de algumas destas matérias. O inconveniente é óbvio: desconhecendo noções básicas de Direito Internacional ou Comunitário, é difícil lidar com muitas fontes de Direito das Mulheres. A vantagem, menos evidente, também existe: porventura a sensibilização às questões de discriminação e hierarquia (desigualdade) social que pretendo obter como uma das finalidades da disciplina poderá ajudar a construir um olhar mais crítico, mais autónomo, em relação às questões que mais tarde estudarão nos campos do Direito sistematizados de forma mais usual.

Assim sendo, com alguma frequência tenho de explicar noções básicas que normalmente aprenderiam (ou teriam aprendido) em outras disciplinas. Mas em vez de ocupar muito tempo útil de aulas com esta questão, o que tendo a fazer é, a propósito de casos concretos, levantar esses problemas e tentar resolvê-los.

O semestre lectivo contém normalmente cerca de 22-25 aulas. São duas aulas de uma hora e quinze minutos por semana, habitualmente intervaladas por um ou mais dias. Uma possibilidade seria tratar uma dessas aulas como teórica, outra como prática. Em função dos princípios que regeram a criação da Faculdade de Direito Nova, mas também da minha forma "natural" de ensinar e do facto de as turmas não serem excessivamente numerosas, aproveito a duração razoavelmente longa das aulas para misturar algum tempo de exposição com um período de dúvidas, discussão ou observações. Mas algumas das aulas são mais deliberadamente *práticas*. Nelas analisamos – normalmente com apresentação, com aviso e preparação prévios, por parte de um grupo de estudantes – decisões jurisprudenciais ou para-jurisprudenciais. A este respeito explicito em seguida mais pormenores.

Nas partes das aulas destinadas a exposição de noções e referências básicas, tenho recorrido, com frequência, ao uso de slides em *power point*.

Em vários contextos este uso tornou-se rotina, mas a meu ver pode trazer consigo alguns inconvenientes. O primeiro, relativamente óbvio, é o risco de distrair os estudantes do discurso falado, se não houver o cuidado de controlar o que se diz e o que se mostra de forma pedagogicamente adequada. Outro, mais sério, é o perigo de reduzir de forma artificial e excessiva assuntos complexos, dando uma aparência ilusória de que tudo se pode simplificar em quadros, chavetas e esquemas de simplificação. Juntando a isto o facto de que cada vez mais os alunos têm a expectativa de que lhes entreguemos via página electrónica tudo o que têm de ler, não será que estamos a simplificar em excesso e a criar maus hábitos de trabalho (ou de não trabalho)? A minha própria experiência diz-me que este risco é real. Cada vez me parece mais difícil convencer os alunos a *procurar* seja o que for, e uma referência a um texto de um livro mencionado num sumário (e como tal correctamente citado) pode gerar o pedido se eu não posso "mandar o texto por *e-mail*". É evidente que a existência do correio electrónico e sobretudo da *www* alterou as condições do ensino, do acesso ao conhecimento e da sua própria formação. Mas embora não tenha qualquer convicção sobre a superioridade de ler um livro em papel ou num ecrã – excepto o prazer bibliófilo de tocar, cheirar, sentir o livro, mas isso é outra questão – o problema está, penso, na possibilidade de estarmos a contribuir para uma formação e cultura demasiado formatadas e porventura empobrecidas por algum seguidismo que isto possa originar.

O recurso ao *e-learning*, iniciado na FDUNL em duas disciplinas regidas por ANTÓNIO M. HESPANHA, pode ser um caminho se, como parece indiciado por esta experiência, conseguir aliar o fornecimento de pistas e indicação de fontes ao maior esforço individual dos estudantes.

Outras formas de estimular o interesse podem consistir na utilização de mais métodos "alternativos". Recorri em algumas aulas a filmes ou documentários, com resultados variáveis. A revitalização do Ciclo "Cinema e Direito", em moldes a repensar, seria provavelmente um outro caminho a tentar, talvez com uma maior ligação entre as sessões cinematográficas e a avaliação, como foi praticado pelo Professor FREITTAS DO AMARAL na disciplina de "Introdução ao Direito". Um dos filmes que comentei na Cinemateca, antes ainda de ter formalmente sido transferida para a FDUNL, teria certamente lugar numa disciplina como o Direito das Mulheres (*Une affaire de femmes*, de CLAUDE CHABROL[162]).

Trazer alguns/algumas Convidados pode ser interessante mas, como nas outras alternativas expostas, há sempre o limite do tempo

---

[162] BELEZA, Teresa Pizarro (2001a), "Claude Chabrol, Une Affaire de Femmes (França, 1998). Cinemateca, 29 de Abril de 1998", *Themis, Revista da Faculdade de Direito da Universidade Nova de Lisboa*, Ano II, n.º 3, 2001, Lisboa.

e da viabilidade. No ano lectivo de 2007/2008 aproveitei a presença da Professora ROSARIO VALPUESTA (Universidade Pablo de Olavide, Sevilha) em Lisboa para a convidar a falar sobre a *Ley de Igualdad* espanhola, sobre a qual sabia que tinha escrito recentemente um excelente artigo. No contexto da apresentação e estudo das queixas individuais ao Comité CEDAW, pedi à Dr.ª MARIA REGINA TAVARES DA SILVA, membro do Comité, que nos viesse falar da sua experiência e do funcionamento *real* do organismo a que pertence. Ambas as aulas pareceram ser de muito agrado dos estudantes.

Em outros anos, outras pessoas me ajudaram a tentar despertar o interesse dos alunos para as questões abrangidas pela matéria do curso: LÍGIA AMÂNCIO (ISCTE), MARIA DO ROSÁRIO CARNEIRO (deputada à Assembleia da República), MIGUEL VALE DE ALMEIDA (ISCTE), ALBIE SACHS (Tribunal Constitucional da África do Sul).

Mas é evidente que o essencial da condução das aulas tem de estar na mão de quem rege a disciplina. A colaboração e o interesse dos alunos é muito variável, mas a minha experiência é no sentido de que ambos são "despertáveis" com algum engenho e muito empenho. Neste contexto, o resultado da utilização mais sistemática da análise de casos a que recorri este ano (sacrificando algumas horas de exposição de matéria) foi francamente satisfatório. A isso me refiro de seguida.

2. O uso da jurisprudência e de outros textos de decisões ou recomendações de organismos não jurisdicionais

O ensino do Direito em Portugal não utiliza tão frequentemente o recurso a decisões jurisprudenciais como é corrente nas Faculdades no mundo anglo-americano, em parte por razões óbvias (sistema dito de precedente *versus* sistema de Códigos). Mas sempre tive a convicção – que aliás defendi na minha dissertação de doutoramento[163] – que é

---

[163] Defendi-a também em BELEZA, Teresa Pizarro (2000), *Direito Processual Penal, Relatório Incluindo o Programa, os Conteúdos e os Métodos de Ensino*

importante uma utilização mais sistemática de decisões jurisprudenciais, mesmo em ramos de legalidade estrita como o Direito Penal. Não só o nosso sistema tem mais proximidade com um sistema de precedentes do que normalmente os juristas querem crer (basta ver a forma usual de argumentação auto-remissiva dos nossos tribunais superiores, incluindo o Supremo e o Constitucional), mas também me parece evidente que o ensino dos textos legais sem uma análise crítica da aplicação dos mesmos torna o trabalho mais pobre e menos eficaz enquanto preparação que se pretende cuidada de futuros juristas.

Numa disciplina como o Direito das Mulheres, isto torna-se particularmente evidente. Num sistema como o nosso, em que as sinalizações legais expressas não abundam – ao contrário por exemplo do espanhol, em que a codificação de legislação expressamente dirigida à *igualdade de género* tornou as coisas muito mais "óbvias" – uma boa parte das questões relativas à situação jurídica das mulheres tem de ser observada no uso que os tribunais fazem do Direito legislado e ainda nas decisões de outros aplicadores. A variedade das fontes também aqui se manifesta, e ela pode ser vista até nas fundamentações de algumas entidades, que num frequentemente interessantíssimo exercício de *intertextualidade* vão buscar elementos decisórios às mais variadas origens, como pode ver-se em duas sentenças do Tribunal Europeu de Estrasburgo abaixo referidas, ambas de 2007: a já aludida *Evans versus The United Kingdom* e a *Tysiac versus Poland*, de 20 de Março de 2007.

Idealmente, os alunos devem ser estimulados a procurar eles próprios decisões e textos que sirvam para análise em aulas. Mas embora em algumas situações isso aconteça, nos últimos anos tenho verificado que os estudantes tendem a ter uma atitude relativamente (mais) passiva. Interrogo-me, como referi acima, sobre se, enquanto

---

Teórico e Prático da Disciplina de Direito Processual Penal I, Lisboa: Associação Académica da Faculdade de Direito de Lisboa.

universitários, estaremos a fazer o que deveríamos, tornando-os demasiado dependentes das nossas indicações e *fornecimento directo* de textos e fontes, o que é potenciado pela utilização sistemática da página com Elementos de Apoio no *site* da FDUNL.

Uma das possibilidades de alternativa a aulas de exposição que tenho utilizado consiste em sugerir aos alunos que apresentem casos de jurisdições ou comités internacionais, ou de tribunais constitucionais ou quaisquer outros, desde que relevantes para a disciplina. Normalmente tento escolher e sugerir casos que são significativos por tratarem de questões polémicas e difíceis, não *simplesmente* de situações simplificadas de discriminação "óbvia", ou/e por serem muito recentes. Os já referidos casos decididos pelo TEDH *Evans versus The United Kingdom* e *Tysiac versus Poland* preenchem os dois requisitos. São decisões de 2007 e ambas abordam questões difíceis e importantes para a situação jurídica das mulheres, tendo simultaneamente a vantagem de serem acórdãos muito bem fundamentados, com muita informação sobre legislações nacionais, e referências várias a textos de *soft law* relevantes para as questões analisadas. Além disso, são decisões que mostram de forma evidente – em meu entender – as dificuldades de raciocinar em termos do que chamo o "paradigma igualitário".

No ano lectivo de 2007/2008, em que entrou em vigor o *sistema de Bolonha*, entendi acentuar a utilização deste tipo de fonte e de exercício nas aulas, incluindo mesmo a prática de escrita de participações (queixas individuais) simuladas ao Comité CEDAW. Sei que aprender competências não é o mesmo que aprender (fazer) exercícios, mas penso que ao lado de questões mais teóricas e abstractas (questionar as pré- compreensões do *paradigma igualitário*, por exemplo) devem figurar problemas práticos em que não só essas questões teóricas têm reflexo, mas também que contribuem, ou podem contribuir, para a formação de juristas que saberão *como fazer*, além de (minha esperança!) *como pensar.* Uma forma de aprender a pensar, neste contexto, é certamente confrontar-se com decisões de casos reais particularmente interessantes ou tendencialmente polémicos, seja pela delicadeza moral, política ou social das questões que levantam, seja pela dificuldade técnica da sua resolução, seja pelas duas razões combinadas. Outra é ser levado a fazer qualquer coisa que implica compreender bem *para que servem* os conceitos e os instrumentos normativos que se vão estudando e aprendendo nas aulas. Se conseguisse, em geral, que os alunos preparassem as aulas através da leitura prévia de textos que sugiro – o que é difícil, dado que alguns o fazem, mas nem todos – reduziria ainda mais o tempo de exposição da matéria. Creio que deste ponto de vista o nosso ensino universitário ainda é, porventura, excessivamente "liceal"[164].

Como exemplo, segue-se o documento de Outubro de 2007 que estabelece as datas e os temas para as referidas apresentações no primeiro semestre do ano lectivo de 2007/2008. Apresento-o aqui na forma original em que o preparei e distribuí aos alunos.

---

[164] Recordo a propósito as palavras de DIOGO FREITAS DO AMARAL: "Sempre defendemos – e fazemo-lo hoje com mais ênfase do que nunca – que a Universidade tem de prosseguir, ao mais alto nível, uma função cultural e uma função científica, para além da sua função de preparação de profissionais. Sem o que se perderia o alcance real da distinção entre ensino superior universitário e ensino superior não universitário, se é que não se cairia mesmo na assimilação da Universidade ao liceu". Cf. AMARAL, Diogo Freitas do (2004), "Relatório sobre o Programa, os Conteúdos e os Métodos do Ensino de uma Disciplina de Direito Administrativo" *in Estudos de Direito Público e Matérias Afins*, Vol. II, Coimbra: Almedina, p. 264.

LISTA DE APRESENTAÇÕES NAS PRÓXIMAS AULAS

(aulas do 1.º semestre de 2007/2008)

ATENÇÃO: Todos os alunos/alunas, além das pessoas que concretamente estão encarregadas de apresentar os casos, devem:
- ler o texto em causa antes da aula;
- ler também, com a devida atenção, o texto da Convenção Europeia de Direitos Humanos e Liberdades Fundamentais (CEDH, Conselho da Europa) e da CEDAW (e o Protocolo Opcional a esta, em que se baseiam as petições, ou queixas, individuais); e levá-los convosco para as aulas. Ver os Elementos de Apoio! Recordo ainda que a página do Gabinete de Documentação e Direito Comparado da Procuradoria-Geral da República é excelente fonte para encontrar textos internacionais na área de direitos humanos. *Atenção: Ver página da CEDAW!!!*
- ler ainda algum documento que eu, eventualmente, indique como particularmente importante para a matéria do caso em análise (por exemplo, a lei portuguesa sobre procriação medicamente assistida, Lei n.º 32/2006, de 26 de Julho, para as questões tratadas a propósito do "Caso Evans". Podemos comparar as soluções da lei portuguesa com aquilo que o TEDH decidiu neste caso, aplicando, como é suposto que faça, a CEDH).

As apresentações são uma maneira de estudarmos matéria essencial na disciplina. Por isso, estes casos e a sua discussão "contam" como "matéria dada" para efeitos de exame!

1.ª TEDH: Caso Evans v. Reino Unido (embriões congelados). Dia 25 de Outubro.

2.ª TEDH: Caso Tysiac v. Polónia (aborto "terapêutico"). Dia 30 de Outubro.

3.ª CEDAW: Caso Turquia (sobre uso de véu islâmico por professora). Dia 6 de Novembro.

4.ª CEDAW: Caso Hungria (esterilização de uma mulher *roma*). Dia 6 de Novembro.

5.ª CEDAW: Caso Alemanha (divórcio, alimentos a mulher que renunciou a carreira profissional própria para ajudar a do marido). Dia 13 de Novembro.

6.ª CEDAW: Caso Hungria (falta de protecção efectiva contra violência conjugal). Dia 20 de Novembro.

7.ª CEDAW: Caso Países Baixos (licença de maternidade e remunerações). Dia 22 de Novembro.

8.ª CEDAW: Caso Reino Unido (cidadã paquistanesa que pede autorização de residência por razões humanitárias). Dia 27 de Novembro.

Ainda há espaço para outras apresentações, ou de decisões destas mesmas entidades (TEDH e CEDAW) ou do nosso, ou de outros, Tribunal Constitucional. A razão pela qual dei prioridade àquelas deriva da minha convicção de que dificilmente Vocês terão contacto com elas nas outras disciplinas do curso, ao contrário do que acontecerá, por exemplo, com a jurisprudência constitucional.

Aqui fica um exemplo curioso, de entre muitos possíveis: consulte-se a página do Tribunal Constitucional da África do Sul e faça-se uma busca sobre discriminação em função do sexo ou género e da orientação sexual. Reparem, por exemplo, no caso *President of the Republic versus Hugo* (sobre um indulto concedido pelo Presidente Mandela a Mães presas com filhos menores de doze anos, para comemorar a sua eleição), ou outros casos do mesmo tribunal *Ver documento* "CC of South Africa. Summaries", que incluí na página.

[17 de Outubro de 2007]

3. Avaliação

A avaliação nesta disciplina consta essencialmente de um exame escrito e de um teste facultativo, mas abrange também – como referido, no início das aulas, nos termos regulamentares – a hipótese de os alunos apresentarem um tema em aula (ver decisões do CEDAW e do TEDH já colocadas na página) ou de prepararem um *pequeno* trabalho escrito.

A data do teste facultativo é definida no início do semestre, abrangendo a hora da aula e parte da seguinte (*ie*, duas horas e meia).

Em qualquer caso, os elementos extra-exame são valorados a favor do aluno (nos termos do Regulamento curricular e pedagógico da Faculdade) em 40% da nota final – e o exame em 60%.

4. Sobre o trabalho de investigação. Algumas questões metodológicas

Sugiro, todos os anos, aos alunos inscritos nesta "cadeira", numa das aulas iniciais, a possibilidade de elaborarem um pequeno trabalho de investigação que lhes permita por um lado concentrarem-se num aspecto que lhes interesse mais e por outro treinar hábitos de procura de informação e de escrita que lhes poderão vir a ser profissionalmente úteis.

Para a preparação e a feitura desses pequenos trabalhos escritos, defino algumas regras mínimas:

- que seja um trabalho original de pesquisa, ainda que "modesto";
- que apresente um tamanho limitado. Não deverá ter mais de *5.000 palavras*, não contando a Bibliografia e eventuais "Anexos" (que podem ser: Acórdãos, leis, estatísticas, qualquer documento...). A hipótese de um trabalho mais longo é viável, mas sob reserva de prévia combinação comigo, se o tema e a perspectiva o justificarem.

Um tópico, que todos os anos sugiro, é o da busca comentada de jurisprudência dos tribunais portugueses sobre um dos temas do Programa. De igual modo, forneço aos alunos uma lista de bibliografia que poderão utilizar na sua investigação e que apresento em anexo ao presente relatório. Evidentemente, converso com cada aluno ou grupo de alunos sobre a preparação do trabalho, indicando pistas de busca ou de bibliografia, o que significa alguma disponibilidade de tempo (minha e deles).

Idealmente, o trabalho deve servir de base a uma apresentação oral em aula, podendo ser depois entregue por escrito – até ao final das aulas. Mas não é essencial essa apresentação.

A outra forma de participação nas aulas a que fiz referência – a apresentação de algumas decisões do CEDAW e do TEDH, possivelmente também do nosso Tribunal Constitucional – pode ser continuada num trabalho escrito nos termos acima propostos.

No que concerne às questões metodológicas, distingo entre as que se referem a questões de forma e as que se referem a questões de fundo.

Relativamente às primeiras, o trabalho escrito deve ser composto por:

- Introdução: meia/uma página, explicando o que é o tema e, brevissimamente, adiantando conclusões; é frequentemente a última parte a ser escrita;
- Desenvolvimento, *ie*, o "corpo" do trabalho, que seguirá a ordem sugerida na Introdução
- Conclusões: numeradas e o mais sintéticas e claras possível;
- Bibliografia: todas as obras referidas no texto devem ser listadas no fim, com nome de autor(es), título, data e local de publicação e editor.

Um sistema de citação e listagem bibliográficas coerente e controlável é o constante do livro de UMBERTO ECO, *Como se faz uma tese em Ciências Humanas*[165].

Relativamente às questões de fundo, à investigação propriamente dita, parece-me muito importante que o tema e a perspectiva escolhida sejam enquadrados teoricamente e que a questão seja tratada de uma forma "objectiva", "científica". Tal não implica falta de envolvimento emocional, mas a tentativa de suficiente distanciamento para que possa ser partilhada, criticada e analisada por outras pessoas que não estão eventualmente na mesma "onda". Quanto mais distante nos parecer essa "média", maior deve ser o esforço de nos fazermos entender pelas outras pessoas. Se não for feito esse esforço, podemos acabar a falar sozinha/os!

Essencial também é que a investigação seja "enquadrada teoricamente", que a abordagem do tema seja desencadeada por uma consciência expressa da sua relevância para a temática da Discriminação; e, em particular, da relevância *jurídica* do tema em causa, na medida em que o Direito contribua ou tenha historicamente contribuído para criar alguma categoria discriminatória sobre a qual trabalhem (género, raça, religião não dominante, orientação sexual, seja o que for) e/ou se constitua hoje como instância anti- discriminatória.

O que pretendo com a proposta destes trabalhos é *sobretudo* desenvolver hábitos e técnicas de investigação; tentar despertar a curiosidade académica dos alunos através da descoberta "autónoma" – ainda que, naturalmente, por mim orientada – de pistas para entender os problemas relacionados com Direito e discriminação. É por isso importante que descubram coisas que sejam simultaneamente menos óbvias mas relevantes para esta disciplina, como por

---

[165] ECO, Umberto (2007), *Como se Faz Uma Tese em Ciências Humanas*, 13.ª ed. (1.ª: 1987), Lisboa: Editorial Presença. Sugiro ainda aos alunos que consultem, entre muitos possíveis *sites* sobre "Como preparar um *paper*" que estão disponíveis na net, o do Dartmouth College (USA): http://www.dartmouth.edu/~writing/materials/student/toc.shtml. Neste *site* encontram--se recomendações particularmente cuidadas.

exemplo, como é que as contra-ordenações em matéria de publicidade têm incidido sobre questões relativas à imagem da mulher, ou de grupos étnicos não dominantes – e como a própria lei da publicidade evoluiu ou involuiu nesta questão; ou como foi levantada a questão da discriminação racial a propósito de um anúncio de telemóveis e que resultado teve essa "denúncia"; ou se as decisões dos tribunais em matéria de divórcio, de guarda de crianças ou de investigação da paternidade implicam ainda uma ideia de moralidade desigual (frequentemente dita "dupla" por evidente influência anglófila) – diferente para os homens e as mulheres, ou pelo contrário, são "igualitaristas". Se os serviços que têm o poder de entregar crianças para adopção – incluindo os tribunais que ditam a criação do vínculo jurídico propriamente dito – aceitam confiar crianças a pessoas que vivam sozinhas, ou a membros de casais homossexuais. Ou ainda se a jurisprudência dos nossos tribunais superiores em matéria de crimes sexuais continua ou não a entender a sexualidade masculina e a feminina de formas diversas, ou se mantém conceitos de violação e agressão demasiado estreitos (ou, porventura, demasiado amplos) ou, pelo contrário, razoáveis.

Por estas razões, é muito importante a busca e análise de jurisprudência, ou a procura de outras fontes que não as habituais fontes formais de Direito: por exemplo, os Programas de Governo ou Acções desencadeadas pela União Europeia ou por departamentos governamentais no sentido da igualdade; ou circulares ou directrizes de serviços públicos, ou práticas informais dos tribunais ou outros departamentos do Estado. Muitos textos sobre *Women's Law* insistem na necessidade de conhecer esses níveis informais, "baixos", de produção normativa, ou até essas práticas infra-normativas, para se conhecer realmente a vida das mulheres e a forma como o Direito afecta essas vidas – e o mesmo é provavelmente verdade em relação a outros grupos socialmente desfavorecidos. *Conversar* com algumas pessoas que tenham prática/responsabilidade nestas áreas pode ser importante, porque essa é uma forma de nos levar a pensar de pontos de vista que muitas vezes não encontramos nos livros – e, por isso, pode dar-nos novas pistas de reflexão ou/e pesquisa.

Trata-se, fundamentalmente, de procurar pontos de apoio em textos legais e jurisprudenciais para a construção/desconstrução de categorias discriminatórias de pessoas, relacionadas com algum dos aspectos ou "pretextos" da lista que conta no Programa que proponho. É claro que estas questões não podem ser pensadas sem um enquadramento "extra-jurídico". As práticas e as teorias discriminatórias germinam e cultivam-se em muitas outras áreas da ciência, da prática quotidiana, das regras "informais" de convivência ou, simplesmente, nos modos habituais de fazer as coisas. Mas não podemos esquecer que, por um lado, o Direito, *até como parte da regulação e dos códigos de valor sociais*, contribui para a formação e reprodução das categorias discriminatórias – não se limita a "reflectir" outras práticas ou discursos, como às vezes – erradamente, a meu ver – se afirma. E, por outro, a principal motivação deste exercício académico é, justamente, procurar o lado, a dimensão jurídica dessas construções sociais.

É preciso lembrar, também, que este tipo de empreendimento intelectual exige abertura de espírito e uma perspectiva crítica do mundo e das coisas (como diria MAX WEBER, a Sociologia tem de começar por aí; uma perspectiva de Direito das Mulheres também). Numa frase feliz, quanto à perspectiva feminista sobre a questão do género: *Feminism constitutes an unrelentling questioning of the familiar*[166].

É também para esse questionamento que convido os estudantes que frequentam as aulas de Direito das Mulheres. Costumo dizer-lhes que não os quero convencer de coisa alguma, excepto de que têm obrigação de pensar. Se o quiserem e conseguirem fazer de froma crítica e autónoma, com base em algum estudo e trabalho, darei por muito bem empregue o (meu) esforço.

Como professora, não conheço melhor recompensa nem maior alegria.

---

[166] FISS, Owen M. (1994), "What is Feminism?", *Arizona State Journal*, 26, 1994, pp. 413-428.

EPÍLOGO

Em Outubro de 2007, a cimeira da União Europeia chegou a acordo sobre as alterações ao Tratado da União, sustendo o outrora quase triunfal caminho em direcção a uma Constituição Europeia. Nas fotografias de conjunto e memória, uma característica saltava aos olhos, mas nem de toda a gente, a julgar pela cobertura da comunicação social. A larguíssima maioria dos Chefes de Estado e da diplomacia dos vinte e sete membros da União vestem fato escuro e gravata[167]. Só em raros pontos as fotografias deixam adivinhar, aqui e ali, o colorido de roupas femininas[168]. Poucos meses

---

[167] Olhando para as fotografias publicadas na imprensa, recordei um episódio da minha juventude universitária. Na Faculdade de Direito de Lisboa houve, em 1969, uma greve de estudantes. Não recordo já o preciso motivo imediato (para além do clima geral de contestação da política oficial de então, é claro) – mas decerto algum protesto contra qualquer prática do governo do Estado Novo ou do governo da Faculdade. Recordo, isso sim, que alguns estudantes formaram piquetes, com os quais tentavam impedir outros estudantes de irem às aulas. Alguns, mais militantemente opositores à greve entenderam por bem *furar* os sobreditos piquetes. Lembro-me de que observava as operações, sem ser ainda então muito clara para mim (era o meu primeiro ano de Faculdade) a justeza das hipotéticas razões de ambos os lados.
Mas uma coisa me ficou claramente gravada na memória, porque estranha e simultaneamente *natural*. Os grevistas insultavam os não grevistas com a seguinte expressão: "Hás-de ser ministro!". Mas às minhas colegas que se opunham à greve, diziam: "Hás-de ser *mulher de* ministro!".

[168] O *Diário de Notícias* de Sábado, 20 de Outubro de 2007, publica nas pp. 4-5 uma fotografia com a seguinte legenda: "Família. A família europeia é grande e veste, em maioria, calças e casacos escuros. A chanceler alemã e a chefe da diplomacia polaca são as excepções". Na verdade, não são as únicas mulheres. Há seis mulheres na fotografia e 52 homens.

antes, em Março, um jornalista notava, no relato da sessão comemorativa dos cinquenta anos do Tratado de Roma, que ANGELA MERKEL, a Chanceler alemã, era a única mulher entre os Chefes de Estado e de Governo europeus. A imagem que esta usou como símbolo da passagem do tempo, curiosamente, foi a de uma rosa e de uma jovem mulher, citando um dos Pais fundadores (Mães não havia, realmente)[169].

Olhando para a composição do actual governo, o XVIII da Segunda República, composto pela maioria socialista saída das eleições parlamentares de 2009, reparo que existem ministras, mas são só cinco, num total de dezasseis. O contraste com alguns países nórdicos, mas também com a Espanha ou com a França, é notório.

E no entanto a Assembleia da República aprovou, por iniciativa do mesmo partido, a *Lei da Paridade*[170]. O Governo patrocina em

---

[169] Em http://noticias.uol.com.br/ultnot/efe/2007/03/25/ult1808u88442.jhtm, consultado em24.10.2007.

"Com seus colegas, todos homens, sentados logo atrás, a anfitriã Merkel comoveu o público ao lembrar de seu próprio passado".

"Cresci no leste desta cidade, na República Democrática Alemã (RDA, Alemanha Oriental). Quando o tratado foi assinado, eu tinha três anos, sete quando construíram o Muro (de Berlim), que dividiu também a minha família, e eu nunca poderia acreditar que antes da aposentadoria poderia viajar livremente. Meus caminhos terminavam a poucos metros daqui", disse.

No entanto, o muro caiu e quem acabaria se convertendo na primeira mulher à frente do Governo da Alemanha aprendeu, na própria pele, que não se deve "aceitar que as coisas sejam sempre como são A chanceler lembrou aos cépticos de hoje o comentário de um político francês da época que disse que "os tratados são como as meninas jovens e as rosas: duram o que duram".

Merkel acrescentou que hoje se pode dizer que "o roseiral floresceu esplendidamente e que uma menina, já não tão jovem, assinou sua comemoração". [o *software* instalado no computador em que estou a trabalhar insiste que a expressão correcta é "O chanceler", no masculino].

[170] *Vide*, na matéria, RAPOSO, Vera Lúcia Carapeto (2004), *O Poder de Eva "O Princípio da Igualdade no Âmbito dos Direitos Políticos; Problemas Suscitados pela Discriminação Positiva"*, Coimbra: Livraria Almedina, e BELEZA, Teresa Pizarro (2006).

uníssono com a União Europeia o Ano da Igualdade Para Todos (2007) e engendra continuamente programas para a igualdade e contra a violência. As directivas europeias proibidoras da discriminação em função do sexo (entre outras) são transpostas para a ordem jurídica interna. A legislação portuguesa, quer de origem interna quer de recepção do Direito Internacional, está repleta de comandos anti-discriminatórios. Uma das bases de discriminação proibidas é, justamente, a pertença ao sexo feminino ou masculino.

Os dados estatísticos parecem desmentir esses propósitos, como se a Vida ignorasse soberanamente os comandos legislativos. A participação nas esferas de decisão política, económica e financeira das mulheres continua notoriamente baixa, a conciliação entre o trabalho remunerado e os encargos familiares permanece muito mais difícil para elas, a segmentação acentuada do mercado de trabalho mantém-se, os padrões de comportamento sexuado são ainda marcados. A discriminação contra as mulheres ou, à maneira de JOHN STUART MILL, a sua *sujeição*, tomou certamente novas formas, diversas das que existiam na Inglaterra Vitoriana ou no Portugal oitocentista. Mas nem a igualdade nem a libertação avançaram aquilo que seria de esperar, num sistema democrático que há trinta anos faz fé nos comandos legislativos e em diversas políticas sociais que deveriam ter alterado de forma mais profunda a sociedade portuguesa.

As mulheres continuam a assegurar o grosso dos trabalhos domésticos e a serem vítimas de violências várias, que entre outras coisas as "mantêm no seu lugar". A ditadura dos padrões de beleza e de modelos de atracção sexual[171], misturada com uma ambiguidade que permanece nos códigos de relacionamento nessa esfera, ajuda a manter a cabeça, o tempo e a bolsa de muitas mulheres *otherwise engaged*.

A mulher com quem me cruzei na rua (Prólogo) talvez pense que isto nada tem que ver com ela. A sua vida, a julgar pela breve

---

[171] Para uma reflexão algo amarga mas bastante lúcida sobre estes aspectos, *vide* GREER, Germaine (1999), *The Whole Woman*, London: Doubleday.

conversa que trocámos, parece muito longe destas preocupações e problemas. Mas ao vê-la afastar-se caminhando com dificuldade, tentando segurar os sacos de compras e resistir ao calor e ao cansaço, recordei o texto de um voto de vencido do Comité CEDAW que lera pouco antes e poderia ter sido escrito sobre ela[172]:

> *"(...) The author, as so many women in the world, devoted her whole adult life to unpaid work in the family, while her husband, on whom she was therefore financially dependent, had advanced his career and his income.(...) The applicant, who has no work experience outside the home and the family and who is considered to be an "older woman", has very little chance to enter the labour market and to support herself financially. It is sad and shameful that following the upbringing of three children and a lifetime of work in the home she has to live without a regular, reliable income, even five years after the divorce that took place against her will. In these circumstances, the domestic courts should have determined and granted a decent maintenance for her a long time ago. (...)"*

Algumas feministas[173] insistem na ideia de que o "privado é político" querendo com isto significar que as relações de poder entre as pessoas se não definem somente por aquilo que se passa na "esfera pública", mas também nas relações pessoais, naquilo que

---

[172] A decisão de 14 de Julho de 2004 no caso Ms B-J *versus* Alemanha diz respeito à situação de uma mulher que ao longo de um casamento de trinta anos (1969-1999) sacrificou a continuação dos seus estudos e preparação profissional para poder apoiar a carreira profissional do marido e a educação dos três filhos que tiveram em comum. Quando, em 1999, o marido intentou contra ela uma acção de divórcio, a sua situação financeira entrou em crise, sendo que passados cinco anos os tribunais alemães ainda não tinham resolvido de forma equitativa o problema.

[173] *Vide*, por exemplo, HANISCH, Carol (1969), *The Personal is Political*, Montreal: Alexander Street Press.

tradicionalmente foi considerado (e em muitos contextos ainda é) *out of the public gaze*. Outras genealogias desta *microfísica do poder* são reconduzíveis a MICHEL FOUCAULT.

Na verdade, a esfera "privada" – a família – nunca esteve fora do olhar público e da regulação jurídica. A regulação pormenorizada do contrato de casamento e dos seus efeitos, a prescrição legal sobre as formas de relacionamento mais ou menos estável entre as pessoas (na lei da família ou na lei penal, por exemplo, ou na regulação ou desregulação do trabalho doméstico) sempre colocaram na ordem jurídico-política a regulação da intimidade. Se uma lei ou um tribunal questionam quem tem relações sexuais com quem, como e onde, ou se A é filho de B ou de C, ou se D é o culpado da separação entre ele e E ou se é esta a culpada, se uma lei determina que certos relacionamentos sexuais são lícitos e outros não, ou certos arranjos matrimoniais são admitidos e outros não, ou que o acesso à procriação medicamente assistida está limitado a certos casais, o que está a fazer a ordem jurídica senão a regular a intimidade? E se a lei se abstém de regular de forma justa e eficaz as consequências de hábitos sociais comuns, em termos de efeitos patrimoniais nos membros de um casal desfeito, o que está a fazer senão a permitir que os mais desprotegidos – estatisticamente, a probabilidade é que sejam as mulheres – não consigam remédio?

É fácil verificar que a forma de vida de certos profissionais da política, da alta finança, ou simplesmente de trabalhadores em turnos de fábricas implicam que os problemas da subsistência, para já não dizer da reprodução, estejam resolvidos ou assegurados por outra pessoa – normalmente, uma mulher, esposa, mãe, sogra, avó. A figura do trabalhador ou do profissional é alguém que não tem pessoas a cargo em termos de cuidado e presença (virtualmente) constantes.

Assim se entrelaçam a vida privada e pública, e o Direito na regulação/desregulação de ambas. Por pouco óbvia que pareça a relevância dessa (des)regulação para a vida de mulheres como aquela com quem me cruzei na rua no intervalo do (meu) trabalho, ela é na verdade substancial.

Neste contexto, a substituição de um Direito discriminador por um Direito igualitário, ou igualizador (passando ou não por um intermédio Direito "neutro") tem potencialidades reais que merecem ser exploradas. Mas para isso acontecer ele tem de ser conhecido e ensinado.

Permite que a intervenção formal dos tribunais ou outros órgãos decisores seja numa linha de não discriminação, onde a tradição era a da *natural subordinação*. Abre a possibilidade de reprimir violências antes toleradas e escondidas. Fomenta a participação onde a ausência era imposta ou mantida por omissão. Mas sobretudo, paulatinamente, muda as consciências sobre a inevitabilidade dos desequilíbrios de poder não questionados e aceites "porque sempre foi assim".

As mudanças nas regras formais de Direito têm, além da sua importância simbólica, efeitos decisivos na vida de muitas mulheres. Muitas mulheres muito diferentes de mim, nas suas condições existenciais, mas *pessoas* e *mulheres* como eu. Nenhuma me passou procuração, mas é nelas sobretudo que penso quando me interrogo sobre a eficácia real da mudança nas letras dos nossos Códigos.

É também por isso que insisto em ensinar Direito das Mulheres e da Igualdade Social.

V. BIBLIOGRAFIA CITADA NO RELATÓRIO

ADORNO, Theodor (1980), *Minima Moralia* (5.ª ed. da versão inglesa, traduzida da versão alemã de 1951), Londres: Verso.
ALBUQUERQUE, Martim de (1993), *Da Igualdade – Introdução à Jurisprudência*, Coimbra: Almedina.
AMÂNCIO, Lígia (1998), *Masculino e Feminino. A Construção Social da Diferença*, 2.ª ed. (1.ª ed.: 1994), Porto: Edições Afrontamento.
AMÂNCIO, Lígia (2004) (coord.), *Aprender a Ser Homem. Construindo Masculinidades*, Lisboa: Livros Horizonte.
AMARAL, Diogo Freitas do (2002), *Do 11 de Setembro à Crise do Iraque*, Lisboa: Bertrand Editora.
AMARAL, Diogo Freitas do (2004), *Estudos de Direito Público e Matérias Afins*, Vol. II, Coimbra: Almedina
AMARAL, Maria Lúcia (2000), "Las Mujeres en el Derecho Constitucional: el Caso Português" *in Mujer y Constitución en España*, Madrid: Centro de Estudios Políticos y Constitucionales.
AMARAL, Maria Lúcia (2004), "Um Povo de Homens e de Mulheres em País de Constituição Débil", *Ex Aequo, Revista da Associação Portuguesa de Estudos sobre as Mulheres*, n.º 10 (Outubro de 2004), pp. 17-27.
ANDRESEN, Sophia de Mello Breyner (1969), "A Mulher na Cidade do Homem", *in A Mulher na Sociedade Contemporânea*, Lisboa: Prelo Editora.
ANJINHO, Teresa (2006), "A Violência de Género no Estatuto de Roma do TPI", separata do Volume Especial 2006 da revista *Direito e Justiça*, pp. 163-201.

BALKIN, Jack M. (2007) (coord.), *What Roe v. Wade Should Have Said, The Nation's Top Legal Experts Rewrite America's Most Controversial Decision*, New York: New York University Press.

BARRENO, Maria Isabel, HORTA, Maria Teresa, e COSTA, Maria Velho da (1974), *Novas Cartas Portuguesas*, Lisboa: Editorial Futura.

BARTLETT, Katharine T., HARRIS, Angela, e RHODE, Deborah RHODE (2002), *Gender and Law: Theory, Doctrine, Commentary*, 3.ª ed., New York: Aspen Publishers.

BEAUVOIR, Simone de (2001), *Le Deuxième Sexe*, vol. I, reimp. da ed. de 1976, Paris: Éditions Gallimard.

BELEZA, José Manuel Pizarro (1982), *O Princípio da Igualdade e a Lei Penal – o Crime de Estupro Voluntário Simples e a Discriminação em Razão do Sexo*, separata do número especial do Boletim da Faculdade de Direito da Universidade de Coimbra, Estudos em Homenagem ao Prof. Doutor Teixeira Ribeiro.

BELEZA, Maria dos Prazeres (1969), *A Mulher no Mundo de Hoje*, Lisboa: ed. da autora.

BELEZA, Teresa Pizarro (1984), *A Mulher no Direito Penal*, Lisboa: Comissão da Condição Feminina.

BELEZA, Teresa Pizarro (1989), *Maus Tratos Conjugais: o Art. 153.º, 3 do Código Penal*, Lisboa: Associação Académica da Faculdade de Direito de Lisboa.

BELEZA, Teresa Pizarro (1991), "Legítima Defesa e Género Feminino: Paradoxos da 'Feminist Jurisprudence'", *Revista Crítica de Ciências Sociais*, n.º 31 (Março de 1991), pp. 143-159.

BELEZA, Teresa Pizarro (1993), *Mulheres, Direito e Crime ou a Perplexidade de Cassandra*, Lisboa: Associação Académica da Faculdade de Direito de Lisboa.

BELEZA, Teresa Pizarro (1994), *O Conceito Legal de Violação*, separata da Revista do Ministério Público.

BELEZA, Teresa Pizarro (1996), "Sem Sombra de Pecado. O Repensar dos Crimes Sexuais na Revisão do Código Penal" *in Jornadas de Direito Criminal, Revisão do Código Penal*, Lisboa: Centro de Estudos Judiciários, pp. 5-29.

BELEZA, Teresa Pizarro (1997), "Desigualdade e Diferença no Direito Português" in *A Mulher e a Sociedade, Actas dos 3.ᵒˢ Cursos Internacionais de Verão de Cascais*, Julho de 1996, Cascais: Câmara Municipal, pp. 179-190.

BELEZA, Teresa Pizarro (2000), *Direito Processual Penal, Relatório Incluindo o Programa, os Conteúdos e os Métodos de Ensino Teórico e Prático da Disciplina de Direito Processual Penal I*, Lisboa: Associação Académica da Faculdade de Direito de Lisboa.

BELEZA, Teresa Pizarro (2001), "A Criação Normativa das Relações de Género" in *A Sexualidade na Civilização Ocidental, Actas dos VII Concursos Internacionais de Verão de Cascais (3 a 15 de Julho de 2000)*, Cascais: Câmara Municipal de Cascais, pp. 59-70.

BELEZA, Teresa Pizarro (2001a), "Claude Chabrol, Une Affaire de Femmes (França, 1998). Cinemateca, 29 de Abril de 1998", *Themis, Revista da Faculdade de Direito da Universidade Nova de Lisboa*, Ano II, n.º 3, 2001, Lisboa.

BELEZA, Teresa Pizarro (2001b), "Clitemnestra por uma Noite…" in *Panorama da Cultura Portuguesa no Século XX*, Porto: Afrontamento e Porto 2001 (Serralves).

BELEZA, Teresa Pizarro (2004), "Anjos e Monstros – A Construção das Relações de Género no Direito Penal", *Ex Aequo, Revista da Associação Portuguesa de Estudos sobre as Mulheres*, n.º 10 (Outubro de 2004), pp. 29-40.

BELEZA, Teresa Pizarro (2006), "Constituição e Androginia: Matrix Reloaded?", *Themis, ed. especial "30 Anos da Constituição Portuguesa 1976-2006"*, pp. 195-200.

BELEZA, Teresa Pizarro (2008), "Violência doméstica", *in Jornadas sobre a Revisão do Código Penal (Setembro 2007): Estudos*, n.º 8, 1.º semestre de 2008, Lisboa: Centro de Estudos Judiciários

BELO, Fernando (1995), "Sexo e Género: Que Relação?" *in Em Busca de uma Pedagogia da Igualdade, Actas da Universidade de Verão, 17-23 de Julho de 1994* (coord.: Comissão para a

Igualdade e para os Direitos da Mulheres), Lisboa: Comissão para a Igualdade e para os Direitos das Mulheres, pp. 249-265.

BEN-ASHER, Noa (2006), "The Necessity of Sex Change: A Struggle for Intersex and Transsex Liberties", *Harvard Journal of Law and Gender*, vol. 29.

BOXER, Marilyn Jacoby (2007), *Women's Studies and the Democratisation of Higher Education in the United States*, comunicação apresentada no Colóquio internacional que teve lugar na Casa de Mateus, em Setembro de 2007. Em publicação.

BOXER, Marilyn Jacoby, e STIMPSON, Catharine S. (2001), *When Women Ask the Questions: Creating Women's Studies in America*, Baltimore: The John Hopkins Press.

BORRILLO, Daniel (1998) (coord.), *Homosexualités et Droit*, Paris: Presses Universitaires de France.

CARLOS, A. da Palma (1969), "A Mulher e o Trabalho" in *A Mulher na Sociedade Contemporânea*, Lisboa: Prelo Editora.

CARMO, Isabel do, e AMÂNCIO, Lígia (2004), *Vozes Insubmissas A História das Mulheres e dos Homens que Lutaram pela Igualdade dos Sexos Quando Era Crime Fazê-lo*, Lisboa: Dom Quixote.

COELHO, Francisco Manuel Pereira (1970), *Curso de Direito de Família*, t. I, 2.ª edição organizada por ANTÓNIO JOSÉ PINTO LOUREIRO e revista pelo Autor, Coimbra: Unitas Cooperativa Académica de Coimbra.

CHARLESWORTH, Hilary (2005), "Not Waving but Drowning: Gender Mainstreaming and Human Rights in the United Nations", *Harvard Human Rights Journal*, vol. 18, Spring 2005.

COMMISSION OF THE EUROPEAN COMMUNITIES (2007), Report from the Commission to the Council, the European Parliament, the Economic and Social Committee and the Commmittee of the Regions on Equality Between Men and Women 2007, Brussels. COM (2007) 49 final.

COMISSÃO PARA A IGUALDADE E PARA OS DIREITOS DAS MULHERES (1996), *Umas e Outros. Colectânea de 10 Anos de Jurisprudência 1984- -1994*, Portugal: Comissão para a Igualdade e para os Direitos das Mulheres.

CORREIA, Natália (1999), *Antologia de Poesia Erótica e Satírica*, Lisboa: Antígona.

DAHL, Tove Stang (1993), *O Direito das Mulheres. Uma Introdução à Teoria do Direito Feminista* (traduzido do original inglês de 1987 por Teresa Beleza *et al.*), Lisboa: Fundação Calouste Gulbenkian.

DAUMIER, Honoré (1974), *Intellectuelles (Bas Bleus) et Femmes Socialistes*, Paris: Éditions Vilo-Paris.

DRAY, Guilherme Machado (1999), *O Princípio da Igualdade no Direito do Trabalho, Sua Aplicabilidade no Domínio Específico da Formação de Contratos Individuais de Trabalho*, Coimbra: Almedina.

DRAY, Guilherme Machado (2001), "Autonomia Privada e Igualdade na Formação e Execução de Contratos Individuais de Trabalho", in *Estudos do Instituto de Direito do Trabalho* (coord: Pedro Romano Martinez), Vol. I, Coimbra: Livraria Almedina.

DRAY, Guilherme (2004), "Artigo 23" in *Código do Trabalho Anotado*, 2.ª ed. rev., Coimbra: Almedina.

ECO, Umberto (2007), *Como se Faz Uma Tese em Ciências Humanas*, 13.ª ed. (1.ª: 1987), Lisboa: Editorial Presença.

ESCARAMEIA, Paula (2001), "Quando o Mundo das Soberanias se Transforma no Mundo das Pessoas: O Estatuto do Tribunal Penal Internacional e as Constituições Nacionais", *Themis, Revista da Faculdade de Direito da Universidade Nova de Lisboa*, Ano II, n.º 3, 2001, pp. 143-182.

ESCARAMEIA, Paula (2003), *Colectânea de Leis de Direito Internacional*, 3.ª ed., Lisboa: Instituto Superior de Ciências Sociais e Políticas.

ESCARAMEIA, Paula (2003a), *O Direito Internacional Público nos Princípios do Século XXI*, Coimbra: Almedina.

ESTLUND, D. e NUSSBAUM, M. (1997) (coord.), *Sex Preference and Family*, Oxford: Oxford University Press.

FAUSTO-STERLING, Anne (1993), "The Five Sexes. Why Male and Female Are Not Enough", publicado na revista *The Sciences*, Março-Abril 1993.

FAUSTO-STERLING, Anne (2000), "The Five Sexes, Revisited. The Varieties of Sex Will Test Medical Values and Social Norms", *The Sciences*, Julho-Agosto 2000.

FERNANDES, Maria Paula Sá, ROCHA, Rui A. M. da, e CERQUEIRA, Magda (2006), *Vinte e Dois Anos de Jurisprudência Portuguesa sobre Igualdade Laboral em Razão do Sexo (1979-2001)*, Lisboa: Comissão para a Igualdade e para os Direitos das Mulheres.

FERNÁNDEZ, María Rosario Valpuesta (2007), "La Ley Orgánica para la Igualdad Efectiva de Mujeres y Hombres", *Teoria & Derecho*, Junho/Dezembro de 2007.

FIRESTONE, Shulamith (1970), *The Dialectic of Sex, The Case for Feminist Revolution*, New York: William Morrow and Company.

FISS, Owen M. (1994), "What is Feminism?", *Arizona State Journal*, 26, 1994, pp. 413-428.

GARNEL, Maria Rita Lino (2007), *Vítimas e Violências na Lisboa da I República*, Coimbra: Imprensa da Universidade.

GERSÃO, Eliana (1966), "A Igualdade Jurídica dos Cônjuges. A Propósito do Projecto de Código Civil", *Revista de Direito e Estudos Sociais*, Ano XIII, pp. 25-64.

GHOUSSOUB, Mai, e SINCLAIR-WEBB, Emma (2006) (coord.), *Imagined Masculinities. Male Identity and Culture in the Modern Middle East*, Londres: Saqui.

GILLIGAN, Carol (1982), *In a Different Voice: Psychological Theory and Women's Development*, Cambridge: Harvard University Press.

GONZAGA, Manuela (2009), *Maria Adelaide Coelho da Cunha: Doida Não e Não!*, Lisboa: Bertrand Editora.

GREEN, Karen (1995) *The Woman of Reason. Feminism, Humanism and Political Thought*, Cambridge: Polity Press.

GUIMARÃES, Elina (1945), "A Situação Jurídica da Mulher e a Futura Reforma do Código Civil", *Revista da Ordem dos Advogados*, n.os 3 e 4.

GUIMARÃES, Elina (1969), "Evolução da Situação Jurídica da Mulher Portuguesa", *in A Mulher na Sociedade Contemporânea*, Lisboa: Prelo Editora.

GUIMARÃES, Elina (1990), "O Direito e Eu, Recordações Jurídicas", in *O Direito à Igualdade* (coord: Maria Teresa Féria, Isabel Estrela, Gracinda Ferro), Lisboa: Associação Portuguesa de Mulheres Juristas.

HANISCH, Carol (1969), *The Personal is Political*, Montreal: Alexander Street Press.

HANNAM, June (2007), *Feminism*, Harlow: Pearson.

HESPANHA, António M. (1993), "Carne de Uma Só Carne: para uma Compreensão dos Fundamentos Histórico-antropológicos da Família na Época Moderna", *Análise Social*, n.os 123/124. Disponível *in* www.hespanha.net.

HESPANHA, António Manuel (1995), "O Estatuto Jurídico da Mulher na Época da Expansão" in *O Rosto Feminino da Expansão Portuguesa, Actas do Congresso Internacional Realizado em Lisboa em 21-25 de Novembro de 1994*, vol. I, Lisboa: Comissão para a Igualdade e para os Direitos das Mulheres.

HESPANHA, António Manuel (1997), *Panorama da História da Cultura Jurídica Europeia*, Lisboa: Europa-América.

HESPANHA, António Manuel (2001), "El Estatuto Jurídico de la Mujer en el Derecho Común Clásico", *Revista Jurídica. Universidad Autónoma de* Madrid, n.º 4. Disponível *in* www.hespanha.net

HESPANHA, António Manuel (2004), *Guiando a Mão Invisível. Direitos, Estado e Lei no Liberalismo Monárquico Português*, Coimbra: Almedina.

HESPANHA, António Manuel (2005) (coord.), *Inquérito aos Sentimentos de Justiça num Ambiente Urbano*, Coimbra: Almedina.

HESPANHA, António Manuel (2007), *O Caleidoscópio do Direito. O Direito e a Justiça nos Dias e no Mundo de Hoje*, Coimbra: Almedina.

HONEYBALL, Simon (2000), "Pregnancy and Sex Discrimination", *Industrial Law Journal*, vol. 29, n. 1, Março de 2000.

JACKSON, B. (1995), *Early Biblical Law*, comunicação apresentada no Convento da Arrábida no encontro da Associação Internacional de Semiótica, 1995.

LARRAURI, Elena, s.d., *La Mujer Ante el Derecho Penal*, disponible em www.pensamientopenal.com.ar

LARRAURI, Elena (1994) (coord.), *Mujeres, Derecho Penal y Criminología*, Madrid: Siglo XXI de España Editores.

LYNCH, K. (1999), '"Equality Studies, the Academy and the Role of Research in Emancipatory Social Change", *The Economic and Social Review*, vol. 30. Janeiro 1999, *online* em www.esr.ie/vol30_1/3_Lynch.

LITTLETON, Christine A. (1997), "Whose Law is this Anyway?" *Michigan Law Review*, May 97, Vol. 95 Issue 6.

MACHADO, Helena (2007), *Moralizar para Identificar. Cenários da Investigação Judicial da Paternidade*, Porto: Edições Afrontamento.

MACKINNON, Catharine A. (1982), "Feminism, Marxism, Method and the State: An Agenda for Theory", *Signs*, Vol. 7, n.º 3.

MACKINNON, Catharine A. (1983), "Feminism, Marxism, Method and the State: Towards Feminist Jurisprudence", *Signs*, Vol. 8, n.º 4.

MACKINNON, Catharine A. (1987), *Feminism Unmodified – Discourses on Life and Law*, Cambridge: Harvard University Press.

MACKINNON, Catharine A. (1989), *Towards a Feminist Theory of State*, Cambridge: Harvard University Press.

MACKINNON, Catharine A. (2001), *Sex Equality Rape Law,* New York: Foundation Press.

MACKINNON, Catharine A. (2005) *Women's Lives. Men's Laws*, Cambridge, Mass. and London: The Belknap Press of Harvard University Press.

MACKINNON, Catharine A. (2007), *Sex Equality*, 2.ª ed., New York: Foundation Press.

MACKINNON, Catharine A., e SIEGEL, Reva B. (2004) (coord.), *Directions in Sexual Harassment Law*, Yale: Yale University.

MCCOLGAN, Aileen (2007), "Reconfiguring Discrimination Law", *Public Law*, Spring 2007.

MELO, Helena Pereira de (2007), *Implicações Jurídicas do Projecto do Genoma Humano. Constituirá a Discriminação Genética uma Nova Forma de Apartheid?*, vol. I, Porto: Serviço de Bioética e Ética Médica da Faculdade de Medicina do Porto.

MILL, John Stuart e MILL, Harriet Taylor (1970), *Essays on Sex Equality*, Chicago: University of Chicago Press.

MILLET, Kate (1977), *Sexual Politics* (ed. original de 1970), Londres: Virago.

MINISTÉRIO DO TRABALHO E DA SOLIDARIEDADE (1998), *Igualdade de Oportunidades entre Mulheres e Homens: Trabalho, Emprego e Formação Profissional – Jurisprudência do Tribunal de Justiça das Comunidades Europeias*, Lisboa: Ministério do Trabalho e da Solidariedade.

MIRANDA, Jorge (2006), *Escritos Vários sobre Direitos Fundamentais*, Estoril: Princípia Editora.

NUSSBAUM, Martha (1999), *The Professor of Parody*, em www.tnr.index.mhtml ("TheNewRepublic.com").

NUSSBAUM, Martha C., e GLOVER, Jonathan (1995) (coord.), *Women, Culture, and Development: a Study of Human Capabilities* Oxford: Clarendon Press.

OLIVEIRA, Guilherme de (2004), "Dois Numa Só Carne", *Ex Aequo, Revista da Associação Portuguesa de Estudos sobre as Mulheres*, n.º 10 (Outubro de 2004), pp. 41-49.

OOSTERVELD, Valerie (2005), "The Definition of 'Gender' in the Rome Statute of the International Criminal Court: A Step Forward or Back for International Criminal Justice?", *Harvard Human Rights Journal*, Vol. 18, Spring 2005.

PARTURIER, Françoise (1974), "Préface" *in* DAUMIER, Honoré (1974), *Intellectuelles (Bas Bleus) et Femmes Socialistes*, Paris: Éditions Vilo-Paris.

PIERCY, Marge, s.d., *What Are Big Girls Made Of?* http://www.americanpoems.com/poets/Marge-Piercy/17198

PINHO, Sebastião Tavares de (1986), "O Primeiro Livro 'Feminista' Português (Século XVI)" *in Colóquio A Mulher na Sociedade Portuguesa. Visão Histórica e Perspectivas Actuais. Actas*, Coimbra: Instituto de História Económica e Social da Faculdade de Letras, pp. 203-221.

Tavares, Manuela (2000), *Movimentos de Mulheres em Portugal*, Lisboa: Livros Horizonte.

Ramalho, Maria do Rosário Palma (1997), "Igualdade de Tratamento entre Trabalhadores e Trabalhadoras em Matéria Remuneratória: A Aplicação da Directiva 75/117/CE em Portugal", *Revista da Ordem dos Advogados*, 1997, Lisboa.

Ramalho, Maria do Rosário Palma (2004), "O Direito da Igualdade no Código do Trabalho – Contributo para uma Reflexão", *in A Reforma do Código de Trabalho* (coord.: Centro de Estudos Judiciários e Inspecção-Geral do Trabalho), Coimbra: Coimbra Editora.

Raposo, Vera Lúcia Carapeto (2004), *O Poder de Eva "O Princípio da Igualdade no Âmbito dos Direitos Políticos; Problemas Suscitados pela Discriminação Positiva"*, Coimbra: Livraria Almedina.

Rego, Maria do Céu Cunha (2006), "Prefácio" *in* Fernandes, Maria Paula Sá, Rocha, Rui A. M. da, e Cerqueira, Magda, *Vinte e Dois Anos de Jurisprudência Portuguesa sobre Igualdade Laboral em Razão do Sexo (1979-2001)*, Lisboa: Comissão para a Igualdade e para os Direitos das Mulheres. Lisboa: Comissão para a Igualdade e para os Direitos das Mulheres.

Rei, Roda, Amâncio, Lígia, *et al.* (2001), *Women in Science: Review of the Situation in Portugal* disponível em ftp://ftp.cordis. europa.eu/pub/improving/docs/women_national_ report_ portugal.pdf

Riley, Denise (1989), *Am I That Name? Feminism and the Category of Women in History*, Minnesota: University of Minnesota Press.

Sharpe, Andrew N. (2007), "Endless Sex: The Gender Recognition Act 2004 and the Persistence of a Legal Category", *Feminist Legal Studies*, 15.

Sheldon, Sally (2004), "Gender Equality and Reproductive Decision-making" *Feminist Legal Studies*, 12, 2004.

Silva, Maria Regina Tavares da (2002), *Feminismo em Portugal na Voz de Mulheres Escritoras no Início do Século XX*, 3.ª ed., Lisboa: Comissão para a Igualdade e para os Direitos das Mulheres.

Sineau, Mariette (2007), *Women´s Paticipation in Democracies*, comunicação apresentada no Colóquio internacional que teve lugar na Casa de Mateus, em Setembro de 2007. Em publicação.

Sunstein, Cass (1995), "Gender, Caste and Law" *in* Nussbaum, Martha C., e Glover, Jonathan (1995) (coord.), *Women, Culture, and Development: a Study of Human Capabilities* Oxford: Clarendon Press.

Vala, Jorge (1999) (coord.), *Novos Racismos, Perspectivas Comparativas*, Oeiras: Celta Editora.

Vicente, Ana (2002), *Os Poderes das Mulheres, Os Poderes dos Homens*, Lisboa: Gótica